高校人力资源管理问题及改进策略

赵艳萍 著

吉林出版集团股份有限公司

全国百佳图书出版单位

图书在版编目（CIP）数据

高校人力资源管理问题及改进策略 / 赵艳萍著 . --
长春 : 吉林出版集团股份有限公司 , 2023.3
ISBN 978-7-5731-3152-2

Ⅰ . ①高… Ⅱ . ①赵… Ⅲ . ①高等学校－人力资源管
理－研究 Ⅳ . ① G647.23

中国国家版本馆 CIP 数据核字 (2023) 第 056679 号

高校人力资源管理问题及改进策略
GAOXIAO RENLI ZIYUAN GUANLI WENTI JI GAIJIN CELÜE

著　　者	赵艳萍
责任编辑	王　宇
封面设计	李　伟
开　　本	710mm×1000mm　　　1/16
字　　数	200 千
印　　张	11
版　　次	2023 年 3 月第 1 版
印　　次	2023 年 3 月第 1 次印刷
印　　刷	天津和萱印刷有限公司

出　　版	吉林出版集团股份有限公司
发　　行	吉林出版集团股份有限公司
地　　址	吉林省长春市福祉大路 5788 号
邮　　编	130000
电　　话	0431-81629968
邮　　箱	11915286@qq.com
书　　号	ISBN 978-7-5731-3152-2
定　　价	66.00 元

作者简介

赵艳萍，女，河北秦皇岛人，法学硕士，现为河北科技师范学院副研究员。主要从事"三农"、学校教育等问题研究。参与省、市厅级各类课题16项，其中主持完成河北省社会科学基金项目、河北省社会发展研究课题4项。发表论文20余篇，出版专著1部，获得秦皇岛市第七届、第八届社科成果奖二等奖各1项，第十届社科成果奖一等奖1项。

前　言

高校汇聚了大量的人才。只有加强对教职工资源的优化与科学管理，才能实现人力资源的最大化，让不同层次的人才协同发展，共同推动高校的健康持续发展。然而，现实中不少高校基于传统人力资源管理理念的局限，人力资源管理工作仍面临着一些问题，制约了人才效用的发挥。为此，本书论述了高校人力资源管理的特点与目标，重点论述了在人力资源管理方面高校面临的主要困境，最后探讨了改进策略，以期进一步提高高校人力资源管理水平。

全书共六章。第一章为绪论，主要阐述了人力资源与人力资源管理、高校人力资源管理的重要性、新时期高校人力资源管理创新的机遇等内容；第二章为高校人力资源管理的特点与目标，主要阐述了高校人力资源管理的特点、高校人力资源管理的目标等内容；第三章为高校人力资源管理现状，主要阐述了高校人力资源管理的环境、高校人力资源管理取得的成绩、高校人力资源管理存在的问题等内容；第四章为新时代高校人力资源战略规划，主要阐述了高校人力资源的供给和需求、高校人力资源战略规划的实施等内容；第五章为国外高校人力资源管理及启示，主要阐述了国外高校人力资源管理模式和国外高校人才资源管理的启示等内容；第六章为新时代高校人力资源管理改进策略，主要阐述了高校人力资源管理体系的构建和高校人力资源管理的改进策略等内容。

在本书撰写的过程中，借鉴了国内外很多相关的研究成果以及著作、期刊、论文等，在此对相关学者、专家表示诚挚的感谢。

由于本人水平有限，书中有一些内容还有待进一步深入研究和论证，在此恳切地希望各位同行专家和读者朋友予以斧正。

目　录

第一章　绪论

新时期，各大高校在努力提升教学质量、促进学生全面发展的同时，也在逐渐加强人力资源管理工作。通过强化人力资源管理可以对学校内部进行优化，对管理人员实施有效管理，有利于建成更加完善的管理体系，实现高校的发展目标，提升高校的竞争实力。为此，我们可以从高校人力资源管理的理论内涵入手，针对新时期高校人力资源管理的重要性及创新机遇进行具体分析，这对推动高校全面发展具有重要意义。本章分为人力资源与人力资源管理、高校人力资源管理的重要性、新时代高校人力资源管理创新的机遇三部分。

第一节　人力资源与人力资源管理

一、人力资源概念、性质和结构

由于人力资源与人力资源管理相关概念的形成与发展涉及最多的主体便是企业，因此，本节内容主要以企业为主体，对人力资源与人力资源管理相关理论进行具体说明。

（一）人力资源概念

"人力资源"这个概念是由著名的现代管理学之父德鲁克（Peter.Drucker）于1954年在《管理的实践》一书中首次提出来的。在这本经典的管理学著作中，彼得·德鲁克提出了管理企业、管理经理人员和管理员工及其工作的三个更宽泛的管理职能。书中在探讨管理员工及其工作这一职责时，彼得·德鲁克创造性地提出了"人力资源"这个新的概念。他指出："和其他所有资源相比较而言，唯一的区别就是它是人"，并且是经理们必须考虑的具有"特殊资产"的资源。彼得德鲁克认为，人力资源具有其他资源都没有的特质，即独有的"融合能力、协调能力、想象力及判断力"。他指出，其他资源可以被人们利用，但是人力资源只能被自我利用。

在经济学理论中，资源与资本是相对的。人们把一切投入生产、创造人类物质财富的要素称为资源，资源是生产要素的源泉。它包括自然资源和人力资源。

"资源"一词有狭义与广义之分。由于"资源"一词在非经济领域的广泛使用，资源的内涵在经济学中被泛化了。"广义的资源"是指"能够直接或间接地用于人类生产和生活的各种物质和服务"。它是人类在生产、生活等各种社会活动中直接或间接使用的各种投入要素的总称，包括狭义的资源和人类生产的能够用于人类活动的各种要素。人力资源属于资源的范畴，具有与其他资源相同的可用性、特点和局限性。但由于其"人"的本性，它已成为一切资源中具有主体意识的第一资源。

根据资源的一般定义，人力资源可分为广义和狭义。广义上，人力资源是指能够推动整个经济社会发展并具有劳动能力的总人口；狭义上，人力资源是指组织拥有的生产产品和提供服务的人力。这里需要特别指出的是，定义中所说的劳动能力的人，一般不是指所有具有一定脑力、体力的人，而是指能够独立参与社会劳动，促进整个经济社会发展的人。因此，人力资源不仅包括在劳动年龄内具有劳动能力的人，还包括在劳动年龄以外参与社会工作的人。

在人力资源的实际利用中，数量和质量是描述人力资源的两个重要指标。前者是指在一定时间和空间内，有能力从事社会工作和从事社会工作的人数；后者是指人员的身体状况、文化水平状况、技能水平状况和对于工作的情绪等，企业的发展和长久进步都受此影响。在之后的社会进程中，企业也会意识到人力资源数量和质量的重要性。

对于公司而言，人力资源的数量和质量要与其生产发展的实际需求相适应，若其低于公司生产发展的基本需求，则会造成公司的发展受限且人力资源的自身损耗严重等问题。若是超过公司生产发展的基本需求，不仅会消耗公司大量公共资源，拖慢运行效率，影响公司发展，还会造成人力资源的浪费，对社会经济的发展产生不利影响。人力资源数量和质量两个指标都要与公司发展的匹配，任何一个指标不匹配都会造成上述对应问题的出现，需要根据公司发展动态调整两个指标的比例结构，以保证两个指标始终与公司发展保持匹配。

（二）人力资源性质

人力资源是资源的一种特殊形态和类型，拥有所有资源的共同特点，但人力资源又有其自身的特殊性。人力资源的共性和特殊性构成人力资源的性质和特征。通过分析人力资源的性质和特征可以更深入地理解人力资源的内涵和特点。

人力资源具有其他资源所不具备的特殊性质，这是人力资源科学性、实践性的具体表现。具体来讲，它有如下特殊性质。

1. 不可剥夺性

人力资源本身就是一种价值观和社会责任感的载体，它既是人的内心贮存和外在体现，又是同一个人的精神和生活动力密不可分的，是同一个人的威信和尊严、权力和利益相互地联系的。不可剥夺性主要体现如下：

（1）不得被压取，不能被欺诈和抢占，不得被夺取。

（2）所有不科学的方法都会给企业带来大量的人力资源浪费。

（3）所有不正当的行政措施都将给企业带来严重的人力资源损失。

（4）尊重、支持、满足个体的需求，这就是充分利用人力资源功能的最优途径。

因此，人力资源不能被剥夺，人们只能通过对其进行良好的管理和开发，才能使其发挥出最大的价值。

2. 生物化学性

人力资源行为表现出生物特点的根本原因是其具有生物化学性。人力资源行为作为人类的一种行为，在生物学上既同时存在一种双向的生理物质反应运动，也同时存在一种双向的生物心理和身体精神反应运动，还同时存在一种单向性的抵抗运动。随着生物学和心理学专业的逐渐发展，必然会给企业人力资源的综合利用带来更多的指导和帮助，从而降低实际工作过程的艰难性和复杂度。

3. 社会特征

我国人力资源管理中的社会特征主要表现在四个方面：信仰性、传统性、人群特征和时代特征。因为社会对作为人力资源载体的人类具有影响，所以人力资源的发展和利用也受到社会性自身的局限。社会性从根本上反映了一个人的立场、观点、伦理道德、价值取向、思维方式和行为模型，给人力资源的开发工作提供了一个基本的思想支撑。

4. 具有时效性

人力资源的训练、贮备和运用与人才培训同个体的年龄具有直接的关联。不同的年龄层次对于不同的人力资源管理类型所起到的作用不同。这种不同时效的反映，也是某种天生规律所制约的后果。它对于人力资源利用的社会政策和技术方法的选择，都具有很高的指导意义。

例如，我国青少年时期的人力资源管理，主要处于培养青少年和利用教育资源的阶段；青中年时期的人力资源管理，主要处于对资源进行合理运用和充分利用的阶段；老年化时期的人力资源管理，主要处于继续挖掘剩余资源价值的阶段。人力资源的时效性表现可以总结为用时有效，用必及时，用逢其时，过时则会出现效用不大或没有任何效用的结果。

5.促进资本的积累

人力资源是一种经济与社会进步的活资本，是最现实的生产能力。它是凭着不断的教育、保障而逐渐形成的，是企业投资长期积累的结果。其研究结果表明：第一，投资可能伴随一个人的终生，资本的使用和积累也可能伴随一个人的终生；第二，由外商直接投资所形成的这种活动的资本数量往往具有逆向利用性；第三，滚动式资源（或者资本）的运用和发挥方式，必然会给企业带来无限的增值。资本的积累特点要求我们在进行人力资源的管理和开发时，必须要加大对其的投资力度，以便支持人才培养、教育及再开发。

6.激发式特征

激发是来自一个人对自己的要求得到满足时的心态。人力资源的活跃和主动激发性主要为内在表现：激励拉动激发力量的活跃和主动激发，协同与启示激发力量的活跃，推动与激励促进激发力量的活跃和主动激发。激发式特征为我们开展激发潜能的工作研究提供了一种基本理论和实践方法，也是建立激发潜能工作机制的一个重要出发点。

7.积极的工作能动性

能动性是社会个体在自身社会价值的具体体现以及过程实践中的一种自主活跃的社会运动心理行为，可以说它是个体人力资源管理功能充分发挥作用的重要基础。人的能动性可以分别表现为正向的能动和负向的能动，它们对于社会和个体的影响一个是积极的，一个是消极的。人力资源运营管理者的政策必须做到努力引导，促使其充分表现出正向的能动，以便能够抑制或避免负向能动的产生。

8.载体特点

载体属性就是人力资源要具备进行装载、转移、传送的能力，是不可剥夺性的必然结果。人力资源的载体性主要依赖于：一是确实存在相应的能力来承载，二是确切地承载着有用的资源，三是真正能够输出所承载的资源。人力资源的载体属性，为企业与其他专业技术人员进行交流提供了良好的前提条件。

（三）人力资源结构

1.人力资源结构定义

《汉典》中对结构的定义是"构成整体的各部分的搭配和安排"，主要是指事物内部各要素和各部分相互联系、相互作用的方式。它可以分为多种类型，如空间结构（或布局结构）、内部结构等。

人力资源作为一种特殊的社会经济要素，它具有三个基本特征：非均匀性、稳定性和平衡可变性。人力资源结构是指在一定时间段内，不同类型、不同层别的人力资源的数量和质量在总体劳动力组成中的比例分布状况。它是在企业业务发展和运转过程中所形成的，反映了企业人力资源配置的现实情况。一般来说，人力资源结构是多种一级结构和二级结构的组合，具有多层次、多因素、多序列的特点。合理高效的人力资源结构是在企业人力资源动态配置的过程中逐渐形成的，并且也将随着企业的改革发展和生命周期的变化而不断变化。

2.人力资源结构的主要内容

人力资源结构可以分为人力资源数量结构和人力资源质量结构。数量结构体现在企业用工总量及各职类、职能人员数量，决定企业整体运转节奏，影响企业未来业务规模。质量结构指决定企业人力资源体力劳动和脑力劳动效率的生理健康状况和知识技能水平，体现为人力资源吸收新知识、学习新技术的能力，影响企业整体的工作效能。

（1）人力资源数量结构

主要表现为企业人力资源总量、人员流动结构和职位结构。人员总量水平应与企业业务量水平相匹配，总量过大意味着人力资源成本过高，在企业发展的不同阶段，合理预估和控制人力资源总量尤为重要。

人力资源流动指人力资源的流入、流出和人力资源在企业内部的岗位流动。适度的人力资源流动能有效促进员工队伍新旧更替，激发员工工作活力，提升企业运转效率；但若人员流动过速，则会影响企业的稳定性。

职位结构是企业为实现发展目标，按照需求对人力资源进行分配，员工之间岗位分工不同、职务范围不同、权利义务不同，并且同一员工在不同时期的岗位可能会发生变动，需要根据企业战略的调整而调整，职位结构反映企业人力资源是否实现了合理有效的配置。

（2）人力资源质量结构

主要包括性别结构、年龄结构、学历结构、专业结构和能力素质结构等。

参照企业的不同类别的工作性质、不同岗位需求特点之间客观存在的差异性，适当的性别比例有利于充分发挥职工的性别优势，实现性别结构上的基本平衡，能够有效地提升团队整体的工作积极性和运转效率。

年龄结构反映了企业人力资源构成的大体现状和未来员工队伍的预计情况。企业新老成员的比例合理，既可以避免年轻团队缺乏工作经验，又可以避免老龄团队缺乏创新能力，能够保障企业持续稳定发展。

学历结构反映了企业员工的受教育情况，直接反映了企业员工的文化素质和人才智力的整体水平，反映了人力资本的存量高低。

专业结构体现的是员工的特长领域和工作素养的基本储备，反映了员工的专业知识水平以及其适合什么类型的工作岗位。

能力素质结构又称胜任力结构，不仅包括"知识、技能"等易于识别的能力，还包括"价值观、自我定位、道德修养、人格特质"等情感和智力素质。

3. 人力资源结构优化的原理

（1）同素异构原理

同素异构原理是指由于空间成分之间的关系和构成方式的差异，即结构形式和排列方式的差异，使事物的构成发生不同的变化。这一原则在人力资源管理理论中的延伸形成了一个特别重要的因素：组织结构。

在组织中人力资源保持不变，采用不同的组织结构，将会得到不同的组织效率。由于领导者和被领导者的排列组合方式不同，组织中的同一群人可能会产生不同的效用。按照这个原则，为保证组织的正常运行，企业必须建立有效的人才监督管理机制，加强组织内各种信息的及时传递和反馈，随时按照企业生产经营的需要，调整组织结构和人员配备。

（2）互补增值原理

互补增值原理是统筹考虑不同个体间知识、技能水平的差异性，合理安排岗位分工，促进彼此沟通协作，实现人员整体素质能力的互补，充分发挥不同个体的自身优势，提升企业整体的运作效率。这一原理包括知识互补、技能互补、年龄互补和性别互补等要素。

（3）动态适应原理

动态适应原理是指人力资源配置时，人员与工作、人员与岗位的适应性是相对的，不适应性是绝对的。适应性和不适应性是动态的、不断变化的。随着员工在组织中岗位的变化和员工自身能力的变化，组织作为一个整体逐渐由不适应向适应转变。因此，人员招聘和岗位调整不应是一次性的活动，而应是经常性的活动。

（4）系统优化原理

系统优化原理是指人力资源系统为实现整个组织的最佳绩效而执行各种组织、调整、运行和控制任务的过程。一个系统是由几个独立的子系统（两个或多个）组成的有机整体，这些子系统相互作用、相互依赖，具有指定的功能和共同的目标。人力资源的系统优化应该最大限度地发挥系统的整体功能，尽量减少系统的内部消耗，优化系统内人员的状态，提高系统的外部竞争力。

（5）竞争协作原理

竞争协作原理是指通过引入竞争机制和合作机制，以增强员工的竞争力，激发员工的积极性、主动性，克服组织内部矛盾造成的不利影响，充分发挥人力资源管理的沟通协调作用，从而达到利用组织内部力量调整和优化人力资源结构的目的。竞争机制的建立可以激励员工努力提高自身业务素质和能力水平，通过组织成员的个体努力，优化组织整体的人才结构。合作机制的建立可以促进成员之间的相互学习、互相帮助，特别是在组织中建立"帮带机制"，对于提高组织人员的专业技能水平有很大帮助。

二、人力资源管理概述

（一）人力资源管理的概念界定

巴克（E.Wight Bakke）在 20 世纪 50 年代后期，从职能的角度出发，对人力资源管理进行分析，也是学术界首次将其看作是一种职能进行研究，并且指出它与一般职能的地位是等同的，随后越来越多的研究者开始重视人力资源管理的作用，对其进行研究。

诺伊（Raymond A.Noe）等认为，人力资源管理指的是公司制定的相关政策和制度，以及有关的管理实践，这些都会影响员工的工作绩效和工作行为；杰克逊（Susan E.Jackson）、舒勒（Randall S.Schuler）研究提出人力资源管理，指的是通过各种管理活动，对组织的行为和活动进行管理的方式，进行人力资源管理主要是为了让企业与个人以及整个社会的利益得到保障。

德斯勒（Gary Dessler）、曾湘泉强调，人力资源管理指的是对工作人员进行招聘和培训，并且对工作人员的绩效进行评价，然后对其发放薪酬的过程。在人力资源管理过程中，需要充分考虑公平，以及工作安全和劳资关系等相关事宜。

比尔（Michael Beale）研究指出，人力资源管理指的是全部能够对雇员以及企业关系产生影响的行动与管理决策。赵曙明主要对其他国家关于人力资源管理的解释进行梳理和总结，在此基础上认为人力资源管理指的是能够对人力资源进行深入的挖掘和开发，同时能够充分发挥人力资源的作用，实现对人力资源的科学管理。彭剑锋通过研究指出，人力资源管理是以个人发展以及组织整体发展需求为基础进行的，主要是为了充分利用人力资源并对其进行深入的挖掘和开发，包括在此过程中进行的各种管理活动，以及在此过程中应用的技术与方法等。

现代社会管理最重要的理念就是人本理念，研究者指出，人力资源是企业经营和发展最为关键的资源，同时也是企业进行各种生产以及经营活动中不可或缺的关键资源要素。显然，企业必须在人的基础上才能建立并且得到发展。

人力资源管理指的是通过管理员工关系、薪酬绩效和培训等各种方式，对人力资源进行合理的分配，同时能够根据环境和需求的变化对这种分配进行动态的调整，从而确保岗位和人力能够实现较高的匹配，保证人力资源结构的优化，这样不仅可以有效调动工作人员的主观能动性，而且可以使组织整体的绩效得到有效提升。换言之，人力资源管理指的是现代企业为了使工作人员的主观能动性得到充分调动，同时对工作人员的潜力进行激发，确保工作人员能够长期留在企业工作而进行的各种活动和行为，主要包括在此过程中采取的制度与政策，以及为了实现员工和组织整体目标采取的相关行动。

人力资源管理可分为数量和质量两个方面，首先是对数量方面的管理，主要就是企业要按照市场具体发展状况等对自身拥有的人力资源实施相应的培训计划，保障与组织之间的协调关系，促使其始终维持在一个最佳状态，充分发挥最大效应；其次就是对质的管理要求，利用先进的现代化方法，对企业员工的心理方面以及日常的行为表现进行有效管理，充分利用人的主观能动性，进而实现企业的利益最大化目标。

（二）人力资源管理相关概念

1. 人力资源配置

（1）人力资源配置的概念

对于人力资源配置的概念，目前没有一个相对统一的界定。戴婷在研究中指出人力资源配置就是要合理而充分地利用好体力、智力、知识力、创造力和技能等各方面的能力，通过一定的途径，创造良好的环境，使其与物质资源有效结合，以产生最大的社会效益和经济效益。王国岐认为人力资源配置是根据经济和社会发展的实际需求，针对企业、事业单位、政府机关的人员需求、功能需求、业务需求科学合理地在一定的区域、部门分配人力资源，使人员与需求实现合理的架构与功能，充分发挥人力资源作用的过程。

综上所述，人力资源配置的定义是以公司战略发展为导向，对企业的人力资源现状进行研究，采取人员招聘、培训、绩效考核等方式，将适合企业实施发展战略所需的各种人才资源快速准确地投放到与之相适应的岗位上，使企业人力资源的年龄结构、学历结构、专业结构、能级结构、岗位结构等结构配置达到最优化，并通过与企业内部资本、技术、内部资源等其他经济资源相互作用，支持保障企业实现战略发展，最大限度地为企业创造经济价值。

（2）人力资源配置的意义

①有利于发挥人力资源在企业经营发展中的推动作用，使有限的人力资源发挥最大的效能，做到"人尽其才"，从而提高劳动生产率，降低企业各项经营管理成本，助力企业高质量经营发展。

②有利于使企业中不同质量的劳动者找到适合自己的岗位，提高人力资源需求结构与供给结构的适应程度，以达到"人尽其才"的目标。

③有利于帮助企业建立人才库、优化干部队伍结构，提高企业竞争力。

对企业来讲，合理的人力资源配置，有利于形成"能者上、庸者下"的优胜劣汰机制，推动"三项制度改革"，加快企业转型升级、增强发展动力。

（3）人力资源配置的内容

企业人力资源配置具体包括以下内容：

①总量配置。企业在发展过程中由于业务拓展、业务流程优化、经营战略调整等因素的不断变化，对人力资源总量的需求供给也会相应地进行调整变化。在此期间，人力资源的需求短缺、供给过剩等情况都会影响企业的正常经营发展。

②结构配置。结构配置是指企业人力资源配置应结合本身实际，将企业人员

的知识、专业、年龄等结构进行合理的匹配，与企业的经营发展特点相结合，保障企业顺利实施发展战略目标。

③质量配置。质量配置即根据岗位职责要求，配置与之相适应的人员。由于受教育程度、工作经验等方面的影响，不同人员的知识、能力、素质水平不同。而实际工作中，不同岗位的难易程度、工作职责要求也是不同的。因此，合理有效的质量配置要结合企业发展实际，对工作岗位和员工能力素质水平进行综合全面的分析，坚持人和岗位相匹配的原则，将合适的员工放到适合的岗位上。

（4）人力资源配置的原则

从理论上来说，人力资源配置的目的是将人力资源具备的素质、其对企业或组织生产经营提供的良好作用发挥出来。但在实际生产经营活动中，如何对人力资源合理地进行配置对所有企业或组织来说都是难以解决的问题。因此，在企业或组织进行人力资源配置时，必须遵循以下几条原则：

①优势地位原则。人力资源的发展不仅受先天素质因素的影响，后天努力的效果也对其影响巨大。

通常情况下，后天能力的形成会受到个体所处环境因素的影响，也会受个体自身努力程度的影响。因此，每个人力资源个体发展的不一致，也造成了每个人力资源个体都会形成其独特的个性、特有的专长和短板，也就形成了不同的能力水平。

优势地位原则实质上不仅仅是指企业管理者或人力资源从业者根据不同的岗位要求，将不同的人力资源安排到最适合其发挥的优势岗位上；同时也是指每个人力资源个体都应当根据自己的实际情况和不同岗位的要求，选择适合自己发挥的优势岗位。

②动态调节原则。动态原则是指当人员或岗位要求发生变化的时候，要适时地对人员配备进行调整，以保证始终使合适的人工作在合适的岗位上。岗位或岗位要求是企业或组织根据不同时期的发展战略制定的，是在不断变化的；人力资源的素质也随着环境、工作内容的变化而不断变化。这就表明，人力资源和岗位不可能始终都相互匹配。

因此，在企业或组织的人力资源管理工作中，不能通过一次定位、一职定终身来进行人力资源配置，这样不仅会对人力资源产生恶劣的影响，还会造成企业人力资源配置存在不合理性，进而导致企业生产绩效不高。所以，要根据能级对应原则和优势地位原则不断动态地调整企业人力资源配置。

③内部为主原则。企业或组织在选人用人时，总会有人才不够的感觉，其根

本原因是"千里马常有,而伯乐不常有"。企业或组织内部需要一定程度的人才储备,但多数情况下,企业内部一些拥有优势和才华的人才无法得到有效的培养和重用。因此,企业或组织内部就必须要建立起有效的人才开发机制和激励机制。将这两个机制共同作用,才能让企业在培养出人才的同时留住人才,留住人才是企业或组织人力资源配置的基础。

（5）人力资源配置的形式

企业中的人力资源配置工作,主要有三种形式:人岗关系型、移动配置型和流动配置型。

①人岗关系型。这种配置类型主要是通过人力资源管理过程中的各个环节来保证企业内各部门、各岗位的人力资源质量。它是根据员工与岗位的对应关系进行配置的一种形式。就企业内部来说,目前这种类型中的员工配置方式大体有如下几种:招聘、轮岗、试用、竞争上岗、末位淘汰等。

②移动配置型。它是企业结合实际,对人力资源进行岗位的移动调整,以此保障人—岗匹配质量。主要有三种形式:岗位晋升、岗位降职和调动岗位。

③流动配置型。这是一种通过员工相对企业岗位的流动进行配置的类型。它通过人员相对企业的内外流动来保证企业内每个部门与岗位人力资源的质量。这种配置的具体形式有三种:安置、调整和辞退。

（6）人力资源配置的理论基础

①劳动力供求理论。劳动力供给是指在一定的市场工资率条件下,劳动力供给的决策主体,即人力资源个体愿意并且能够提供的劳动总额。劳动力供给主要包括:应届毕业生、复员转业军人、待业人员、在职同行人员等。

在企业中,人力资源的供给包括内部供给和外部供给两种。在满足企业人力资源需求时,通常都应优先考虑内部人力资源供给。但是企业的人力资源需求不能完全通过内部供给来调整解决。在各种主观和客观因素共同作用下,导致企业的人力资源退出工作岗位,这就表明企业需要定期通过招聘等手段从企业外部补充人力资源,这就是外部劳动力供给。

企业对劳动力的需求情况就是劳动力需求,一般是指企业在一定时期内对劳动力数量的需求增减变化情况。

②人力资本理论。人力资本概念最早是由美国经济学家舒尔茨（Theodore W.Schultz）和贝克尔（Gary S.Becker）提出,开创了关于人类生产能力的全新思路。该理论认为资本应当分为物质资本和人力资本。物质资本是指物质产品上的资本,包括厂房、机器、设备、原材料、土地、货币和其他有价证券等;而人力

资本则是指体现在人力资源上的资本，即对生产者进行教育、职业培训等的支出及其在接受教育时获得的机会成本等的总和，人力资源个体学习到的各种知识、劳动能力与管理技能以及健康素质的总和就是其具体表现形式。加里·贝克尔后续对该理论进行了大量的研究。

舒尔茨认为人力资本指的是"劳动者自身的知识、技能和因此表现出的劳动力"。他肯定了劳动者自身的价值，并且正是由于在工作、生活过程中日积月累的学习和汲取信息，掌握了特定的知识或者可以熟练运用某些技能，这些都沉淀为劳动者自身的价值，可以说是劳动者自身的一种无形资本。而人力资本的出现正是基于这三项必备要素，知识、技能与劳动者三项要素融会贯通，三者缺一不可。

加里·贝克尔在此基础上提出人在缴纳一定的费用后在某些特定场合接受知识输出或技能培训，经过学习后可以使用该知识或技术赚取一定利润，此前缴纳的费用就是人力资本，而这种学习的渠道可以包括学生在学校接受教育、职工在公司接受培训以及保险等内容。在舒尔茨提出的知识、技能的基础上，贝克尔拓展了保障等内容，组成了新的人力资本理论。

③帕累托最优理论。帕累托最优这个概念是以意大利经济学家帕累托（Vilfredo Pareto）的名字命名的理论，他在关于经济效率和收入分配的研究中最早使用了这个概念。其内容是指假定固有的一群人和可分配的资源，从一种分配状态到另一种状态的变化中，在没有使任何人境况变坏的前提下，使得至少一个人变得更好的资源分配的一种理想状态。

随着资源的概念由传统的物质资源扩展至包含人力资源这一概念，帕累托最优化理论也运用到人力资源配置领域。即人力资源配置领域的帕累托最优化是指企业或组织的人力资源配置实现在不减少任何一个其他企业、组织或者社会整体的利益的前提下，重新进行一种新的人力资源配置使得自身企业或组织的效益变得更好。即在不影响其他企业、组织或整体社会的效益的前提下，通过优化人力资源的配置方法来使得企业或组织自身的效益变得更好。在这种状态下，企业、组织内部的人力资源配置能实现人岗匹配、人尽其才，每个人力资源个体都在其最适合的岗位上发挥出最大的作用。

管理学研究的管理活动，其根本目的就是充分利用有限的资源优化资源配置，以最小的成本进行企业或组织的生产经营活动，给公司创造更高的效率和最大的效益。因此，企业管理决策的过程，其实就是企业追求帕累托最优化状态的过程。企业或组织需要在保证员工的合法收益不受到损害的前提下，追求企业或组织能获得的最大收益，这个过程实际上也是追求企业或组织管理的帕累托最优化状态的过程。

④适配理论。在企业环境和战略与人力资源管理等方面矛盾的基础上，雷蒙德·迈尔斯（Raymond Miles）和查尔斯·斯诺（Charles Snow）等人提出了关于企业战略与人力资源管理的适配理论，他们认为这两方面之间存在着一定的紧密联系，即"适配"关系。其中，企业的人力资源适配程度与企业的绩效成正相关的关系，即人力资源的适配程度越高，企业的绩效就会越好。

该理论认为，不同的企业人力资源管理方法对应于不同的企业战略需求，人力资源的作用的好坏与其企业战略有关，关键就在于企业的人力资源管理不一定需要最优秀的人，而是如何使用最合适的人。该理论经过了发展演变，伦格尼克·霍尔（Lengnick Hall）在其战略型人力资源管理的理论上，提出了企业战略与人力资源管理之间是一种相互作用、相互补充、相互依存的关系。

2. 人力资源管理评价

（1）人力资源管理评价的目的

①树立正确人力资源管理理念。通过构建企业人力资源管理评价体系，确立人力资源在企业管理中的重要地位，企业要形成"以人为本"的管理理念，管理过程中要注重员工的个性特点及需求，建立科学有效的管理制度，建设良好的企业文化，促进员工目标与企业目标相统一，实现员工与企业共同成长，从而实现企业的稳步快速发展。

②优化人力资源管理运行系统。构建企业人力资源管理评价体系，以时间为刻度，周—月—季度间隔，动态检测评估企业人力资源管理系统的运转状态，组织及部门通过评价数据来监测其组织人力资源的健康度，从而及时、明确地做出相关改进措施，确保人力资源管理系统在公司内部高效运行。只有通过挖掘人才、高效配置人才、保障人才信任度、留住人才、彻底激发他们的工作积极性，合理解决人才及组织发展的难题，才能为公司稳定、健康、快速发展提供人才保障。

③实现人力资源管理组织目标。构建企业人力资源管理评价体系，从全流程的角度，通过对组织、目标、岗位、人才全方位进行梳理，进一步改变企业人力资源管理现状，同时助力员工的自身发展，增加员工对企业的认同感，激发其工作积极性和创造力，使其自发地投入到工作当中，提升整体效能，最终达到促进业务部门各项指标及工作持续改善的目的，尽早实现企业的可持续发展。

此外，以提高人力资源健康度为抓手，使人力资源各项工作实现有效落地，最终把人才队伍打造成一个既有小树苗、又有大樟树的人才森林，为公司的稳定快速发展提供人力资源保障。

（2）人力资源管理评价的思路

从企业实际人力资源问题出发，以人力资源管理相关理论为基础，运用科学的方法从组织，到人力资源管理，再到员工三个层面进行分析，结合组织发展、人力资源的全流程结构以及员工职业生涯发展阶段，分析总结影响企业人力资源管理状态的因素，从而得出人力资源管理评价体系的维度和指标，即满足度、胜任度、稳定度和后备准备度。

①组织梳理。人力资源管理体系建设的基础在于前期组织的梳理，需要明确企业愿景，厘清组织的体系，以用户为中心，以业务为牵引，根植于业务价值链的系统结构与人才需求来规范人才经营机制。首先，明确公司的愿景目标，分析组织内外部环境，明确组织的发展所面临的机会和挑战；其次，进一步进行组织内部的梳理，进行组织结构设计；最后，进行工作分析，明确岗位职责和个人目标，为后续人力资源管理活动的开展提供保障。

②组织人力资源评价。构建科学合理的人力资源管理评价体系，该体系基于四个维度进行权重评价，即满足度、胜任度、稳定度、后备准备度。首先，基于岗位满足情况进行评价，考察人力资源的数量是否满足岗位需求；其次，基于岗位要求的人力资源胜任力模型进行评价，明确岗位任职资格，优化人才选拔模式；再次，基于大数据预测的岗位人员是否稳定，及流失或调动的概率进行评价，考察员工稳定度；最后，基于岗位的后备继任情况进行评价，根据岗位目标重要度及培养难度对于关键岗位与普通岗位的后备人才准备情况进行评价，确保组织人力资源的健康度。

③可持续改善提升。一直以来，人力资源管理的重心是薪酬管理。随着时间的推移，当代人力资源管理已经开始关注人才的切实需求，其中也包括岗位晋升空间、学习平台、工作环境等。在改善提升的过程中，需要结合这些进行针对性的激励，从选、育、用、留、备等各环节出发，不断进行 PDCA 循环改善。

（3）人力资源管理评价的原则

人力资源管理评价的原则包括系统性（指标之间具有逻辑关系，层级关系）原则、典型性原则、动态性（指标具有时间尺度）原则、科学性原则、操作性原则、综合性原则。应充分综合多学科的知识，主动汲取实践经验，结合系统化的实证分析，最终打造出科学规范的、现代化的人力资源管理评价指标体系，并结合后续实践环节对其加以优化和调整。

3.人力资源共享服务

（1）人力资源共享服务的概念

通常来说，共享服务是企业发展的需要，也是管理过程中不断优化的产物。20 世纪 80 年代，美国福特汽车公司在欧洲成立财务共享服务中心，首次提出共享服务的管理理念，随之逐渐延伸到人力资源管理等各个管理领域。不同的管理学者对于人力资源共享服务的定义各不相同，其核心意义在于将基础事务性工作进行剥离，交由专门的团队统一处理和实施，向各个业务单位提供标准化、高质量、统一性的人力资源服务。人力资源共享服务，其本质是组织和管控的创新，就是将共享服务模式的优点应用于人力资源管理，将分散的工作集中起来，通过资源的配置和优化，为企业运营提供专业的服务和支持，通过服务创造价值。

人力资源管理包含大量的基础事务性工作，如离职手续办理、薪酬核算、社保和公积金管理、员工档案管理、劳动合同管理等，部分大型企业还包括投诉处理、劳动争议处理、问询解答等管理职能。共享服务模式的应用，可以使人力资源管理部门抽身于烦琐的事务性工作，将工作重心专注于提升企业价值的工作，如战略层面的管理研究等，使得人力资源管理真正成为组织战略发展的合作伙伴。

（2）人力资源共享服务的构成要素

人力资源共享服务模式的应用，需要彼此的相互配合，即人力资源管理三支柱模型。1997 年，管理学大师戴维·尤里奇（戴维·尤里奇）提出人力资源管理三支柱模式，核心理念是建立以三支柱作为支撑的人力资源管理体系，分别是HRSSC（共享服务中心）、HRBP（人力资源业务伙伴）、HRCOE（专家中心）。人力资源管理三支柱模型源于组织战略，其本质是基于人力资源组织和管控的创新，重新划分人力资源管理的各个角色，管理驱动向业务驱动方面进行升级，这对于传统的人力资源管理是一种颠覆。三个不同角色分别发挥作用，相互支撑和配合，共同推动共享服务模式的实现。

①人力资源共享服务中心（HRSSC）。承担服务提供者的角色，主要负责日常事务性工作的处理，提供专业人力资源服务，如基础业务手续办理、员工档案管理、问询解答等，统一处理、确保交付的一致性，同时需要协助人力资源项目的推广。工作程序性较强、重复性高，对人员素质要求相对较低。

②人力资源业务合作伙伴（HRBP）。承担核心业务部门与人力资源管理部门互相沟通的纽带作用，深入业务团队，协助开展组织管理工作，处理常规人力资源问题，提供相应的解决方案。解决方案需针对业务需求进行制订，确保贴近业务，这是人力资源管理职能导向转向核心业务发展导向的关键。同时，发现日

常管理中存在的问题，整理交付人力资源专家，设计更加合理的工作和运营流程并有效落地实施。

③人力资源专家（HRCOE）。承担全公司人力资源政策、流程、方案设计者的角色，如负责人力资源规划、培训方案设计、绩效管理制度设计、薪酬管理等专业性较高的工作。从合作关系来看，需要帮助 HRBP 解决在业务单元遇到的专业性较强的问题，在确保公司政策、流程和方案框架设计一致性的基础上，同时兼顾灵活性；需要指导 HRSSC 开展服务活动，使服务活动符合国家管理规定和企业管理需求。

三支柱发挥不同的作用，但是彼此之间并不孤立，是一个有机的系统，都以提供优质的人力资源服务为目标，是共享服务模式开展的重要构成要素。其中，共享服务中心是第一层，负责事务性工作处理，提供直接的人力资源服务；业务合作伙伴是第二层，发挥信息传递的作用，担任业务单位的咨询角色；专家中心是第三层，站在顶层设计的角度，提出全局的解决方案。

（3）人力资源共享服务的理论基础

①共享服务理论。诸多领域均存在共享服务理论，只要是通过工作的集中化处理，产生规模效应降低成本、提升专业化服务质量，均可以纳入共享服务模式的范畴。20 世纪 80 年代，福特汽车公司在欧洲建立财务共享服务中心，共享服务作为企业管理的重大创新，也逐渐延伸到各个管理领域，包括采购、法律、营销、人力资源管理等，关于共享服务的学术研究和交流也很活跃。

芭芭拉·奎因（Barbara Quinn）是共享服务理念的创始人之一，1988 年提出以共享服务理念为基础、理念超前的经营模式。她认为共享服务本质上是一种商业经营活动，有明确的客户群体，可通过提供针对性的服务创造价值并收取相应的费用，其本质在于服务客户。

2004 年，美国学者布莱恩·伯杰伦（Bryan Bergeron）站在以顾客为中心的角度，丰富运作模式。他提出，共享服务是将分散的管理职能集中到新业务单元的合作战略。在现代信息化的技术背景下，应以工作业务作为基础，在基础事务性工作的处理方面友好合作，实现规模效应。

安德鲁·克里斯（Andrew Kris）是共享服务研究领域的代表人物，同时也是 AKRIS 网络公司的创始人。他从经营的角度出发，诠释了共享服务管理模式，其发表的观点认为，共享服务不能局限于事务性工作的简单合并，而是一种商业管理模式，需要良好的内部机构作为支撑，以业务流程为导向。

马丁·费伊（Martin Fahy）和安德鲁·克里斯（Andrew Chris），两位信息学博士在共享服务领域进行深入研究，认为共享服务活动的有效性，离不开管理信息系统的支持。他们的观点认为，信息技术是共享服务开展的基础，而共享服务是基于信息技术的管理创新。

共享服务在国内相关领域中最具代表性的人物是刘汉进，他认为共享服务在企业内部是半市场化的运作模式，具有一定的市场属性，在效率、成本、资源方面优势明显，可以提高企业核心竞争力。另外一位代表人物张高峰则认为，共享服务是企业的一个组成部分，存在于企业内部，可以有效保护企业内部的信息安全。

②规模经济理论。随着时代发展，规模经济概念得到全面推广，亚当·斯密（Adam Smith）认为规模经济是指在特定时间段内，若部分固定成本保持恒定，则企业在产能增强的情形下，对应的单位固定成本被分解，即生产规模扩大，将能够减弱企业平均成本，这意味着企业获利能力得到提高。

人力资源共享服务中心可基于专业设计、集中处理的方式，推动各管理环节效率提升，并不断扩大中心服务范畴。与此同时，人力资源共享服务中心应更加充分地展现出资源整合效应，进而满足当前国际化经济交流互动趋向，促进企业更好地优化配置自身资源，以更少的成本支出，赢得更多客户的满意。

③竞争优势理论。哈佛大学商学院教授迈克尔·波特（Michael E.Porter）认为，企业要从差异化和低成本两个方面进行改进，以此获得竞争优势。差异化有两种表现形式，可以选择在产品或服务的质量上优于对手，或者具有差异化特色，同时内部成本需要控制有序，存在一定的利润空间。两者结合，企业可获得超额利润，也能为客户提供超额价值。

④战略人力资源管理。人力资源管理专家斯宾塞（Spencer）在自己的著作《重组人力资源》一书中，将人力资源管理工作划分为三个维度，分别是：人力资源战略和规划、人力资源的服务性活动、行政事务工作管理，三个维度的活动均为组织创造价值，同时消耗相应管理成本，但是创造的价值和消耗的成本各不相同。研究显示，行政事务管理的成本耗费高达 60%，但为组织带来的价值增值只有10%，而人力资源规划只需要耗费 10% 的成本就可以带来 60% 的价值增值。由此不难看出，人力资源管理应该向规划的方向发展，而行政事务管理则需要降低管理成本。

战略人力资源管理理念快速发展，随着这一管理理念日益深入，被越来越多的企业接受和应用。人力资源共享服务的管理模式，正是基于战略人力资源管理的思想，对行政事务管理进行统一处理，为人力资源规划创造条件，发挥人力资源管理的核心价值，实现企业价值增值。

⑤代理理论。迈克尔·简森（Michael C. Jensen）和威廉姆·麦克林（William Meckling）在1976年提出代理理论，代理理论的研究主要基于资源提供者和使用者之间的契约关系。因为委托人和代理人之间信息的不对称问题，代理行为会产生监督成本、守约成本和剩余损失。

人力资源共享服务中心是企业内部的组织，在集团的统一管控下为分子公司、下属机构提供专业服务，资源的所有者（委托人）拥有企业全部的剩余索取权，内部工作的目标需保持一致，避免发生守约成本和剩余损失。同时，作为企业内部的服务机构，人力资源共享服务中心要有利于集团的战略管控。

⑥分工理论。1776年，著名经济学家亚当·斯密在（Adam Smith）《国富论》中首先提出"劳动分工"概念，认为分工细化能够使各项操作更为简单高效，继而可以节省大量劳动时间，推动社会劳动力发展。企业在激烈业内竞争中，需要积极强化、细化分工模式，共享服务中心的建设能够有效明确业务职责和协作流程，将过往具有复杂性和重复性的人事咨询、岗位招聘、薪资查询、在线教育、信息更新等业务加以整合，在模块组织设计和业务重组的过程中，对传统人力资源管理事项作出集中性处理，在对应性工作中排除不必要的影响干扰，使得各项管理工作效率得到提升。组织在分工设计过程中，需要制定人力资源管理岗位职责，形成具有交互性、协作性的岗位职责说明书，为企业未来战略管理进行保驾护航。

（4）人力资源共享服务模式的特点

①适用于大型企业集团，不适合单一机构或小规模公司。在大型企业集团中，集团总部和分子公司、下属机构等均设有人力资源部，工作存在大量重复，而共享服务中心对于重复事务性工作的集中处理，可以产生整合规模效应，进而降低单位成本。同时，大型企业集团的各级人力资源管理机构工作彼此独立，出于对力资源管理工作必须保持高度标准化、一致性的要求，通过共享服务的模式有利于加强集团管控。而对于单一机构和小规模公司而言，不存在企业集团管理中的问题，共享服务模式的特点难以体现，必要性大大降低。

②可以有效降低企业成本。企业内部将不同机构间、相同的基础事务性工作，建立统一标准和流程批量化、集中进行处理，可以实现规模效应，降低企业运营成本；同时，共享服务带来的信息化技术的应用，基础事务性工作交由信息化系统智能处理，诸如假期查询、工资数额明细等工作均可有信息化系统替代，提供自助查询平台，减少企业成本。

③可以有效提高企业服务效率和服务质量。共享服务中心通过统一的培训，人力资源管理者的员工能力和素质不断增强，业务熟练度更高，共享服务伴随着信息化系统的应用，可以提供快捷、准确的工作处理平台和自助查询平台。工作流程的标准化、工作处理的集中化使得基础事务性工作的专业化提升，人力资源服务的响应更加迅速，工作的处理更为熟练，都为服务效率和质量提供保证。

④有助于强化集团管控、聚焦组织战略。人力资源共享服务中心的信息化管理系统，对于企业的人力资源部门来说，可随时从系统中查看相关数据和报表，相关的业务流程、文件、资料等可以进行有效的保存和追溯，对企业人力资源状况进行实时监测，提升企业内部管理的透明度，保留各项工作痕迹，这些都有利于内部审计工作的开展。同时，可以通过有效、准确的数据分析推动人力资源管理的战略规划和风险预警，为企业高层的战略决策提供依据。人力资源管理者有更多的精力关注组织战略目标的实现，专注于人力资源体系的搭建，成为企业战略合作伙伴。

⑤存在协同性方面的风险。人力资源共享服务中心作为一个独立机构，远离核心业务部门，彼此之间的协同关系则显得格外重要。同时，共享服务依赖于管理信息系统的技术支撑，共享服务系统、OA办公平台、财务系统等各个企业管理信息系统的协同性方面存在一定的风险，需要特别关注。

（5）人力资源共享服务构建的关键因素

共享服务模式作为人力资源管理的一项变革举措，其构建需要遵循一定的要求和规律，建立相关的模型。2007年，ABSA提出共享服务的建立模型，共分为变革设计、评估、人员管理、培训支持、持续沟通五个部分。具体来说，变革设计即根据共享服务的目标搭建组织架构、业务流程、政策标准等，评估是指对现有资源的分析，人员管理和培训支持是顺利实施的保障举措，持续沟通则是整个过程都必须要具备的。以上五个因素相互沟通是指导共享服务模式顺利实施的关键。

2008年，国内学者索娜提出关键因素模型，共分为目标、基础、支柱、核心四个部分。目标，关注客户的战略与远景，提供高质量的人力资源服务；基础，公司需要配置信息化系统作为执行平台；支柱，业务流程再造和服务协议在执行中需要重点把握，是共享服务实施的保障；核心，即是企业的核心管理人员。

构建共享服务模式的关键因素有以下五点：

①合理搭建组织机构。共享服务模式的实施，必然依赖于组织机构进行实现，

而共享服务中心就是共享服务模式的执行机构。依据现阶段的研究成果，共享服务中心可以设置一个，也可以根据区域、部门、业务板块的不同分别设置多个，机构设置具有灵活性，依据业务需求进行搭建即可。但是对于大型企业集团而言，业务范围、地域范围广泛，各级单位数量众多，组织机构纷繁复杂。对外，共享服务中心要足以支撑业务的管理需要，对内，共享服务中心的内部管理需要保持有序，合理、有效的搭建组织机构是共享服务模式实施的必要条件。

②共享服务中心的人员储备。在企业现有的管理体系下，不存在专职的共享服务中心工作人员。共享服务模式在实施过程中会遇到各种各样的问题，需要管理人员进行处理，企业需要提前开展相关人才的储备工作，或外部招聘或外部培训。对于普通工作人员而言，主要可以采取抽调的方式满足，过程中需要加强沟通，防止产生消极的抵制心里。

③对于企业信息化有一定的要求。人力资源共享服务模式的构建，需要一定水平的信息化管理系统作为支撑，通过管理信息系统加快业务处理，确保业务开展的准确性和统一性，进而实现效能的提升。大型企业集团的管理业务较为复杂，涉及人员多、覆盖地域广，但是人力资源共享服务中心通常设置在总部或者部分区域，在人员和地域上都存在比较大的疏离，因此，在工作流和信息流的传递过程中，管理信息系统的重要性不言而喻。

④做好业务流程的梳理工作。在人力资源共享服务开展的过程中，部分原来由各级人力资源管理部门负责的业务流程，纳入共享服务中心进行管理，如薪资核算、员工信息管理、员工关系管理、员工档案管理等具有同一性的基础事务性工作，这些工作流程都需要重新梳理。一方面，流程再造需要考虑到具体业务的统一性、准确性、标准化等因素，综合考虑工作效率、成本、质量的优化和提升，这也是共享服务模式建立的初衷；另一方面，流程再造要改变原有的旧流程，需要一段时间的平稳过渡，并在过程中不断调整。

⑤获得管理层和员工的支持。人力资源共享服务模式的推行，对人力资源管理而言是一项较大的组织变革，新的组织机构将会和现有的组织发生工作交集，原有的工作权限和业务流程都发生着重大的变化，需要对此次变革进行有效的管理。

首先，需要获得高层管理人员、各级单位主要负责人、共享服务中心工作的支持，作为共享服务模式实施的关键点，他们的态度和配合对于共享服务模式的实施起着至关重要的作用。其次，是全体员工的参与和持续推动，人力资源共享服务会影响到每一位员工的工作，普通员工的态度、配合度、接受度直接影响共享服务工作的质量。

4. 人力资源管理信息系统

（1）管理信息系统概述

①管理信息系统理论。管理信息系统起源于美国 20 世纪 80 年代，高登·戴维斯（Gordon B.Davis）将其定义为："一个利用计算机硬件和软件、手工作业、分析、计划、控制和决策模型以及数据库的用户——机器用户。它能提供信息，支持企业或组织的运行、管理和决策功能。"

管理信息系统理论涉及多门类学科。因其具备提高生产力、加速决策过程、加强团队合作、建立企业间伙伴关系与联盟、实现全球化、推动组织变革等优势，在经济管理、组织管理、运筹决策分析管理、数据统计分析等方面都得到了广泛的应用。从功能适用性角度出发可分为：销售和经营系统、生产制造系统、科研设计系统、财务管理系统、决策支持系统等。

随着互联网及计算机科学等技术的进步，管理信息系统在电子商务、教育、经济管理等多方面取得了重大进步，极大地减少了人类的工作量，提高了工作效率。未来随着大数据、人工智能、5G、区块链等技术的发展，管理信息系统将会为人类做出更大的贡献。

②管理信息系统的管理决策功能。管理信息系统的管理功能主要体现在它可以帮助组织进行合理的资源配置。组织通过使用管理信息系统来提升工作效率，实现标准化业务流程，减少资源消耗，组织就可以利用节约的资源来完成更重要的工作内容。

管理信息系统中的数据是决策的基础，许多企业也越来越重视数据分析的重要性，通过对系统存储数据进行整理输出为决策提供依据。决策者通过对整理后的数据报表与计划值进行对比分析，再针对偏差采取相应的纠偏措施，做好项目执行过程管控工作。因此，从企业的目标来看，使用管理信息系统辅助决策对企业的管理是有必要的。

③管理信息系统建设。管理信息系统的建设主要工作内容有信息系统运行设备采购、系统集成部署、信息系统设计开发和运行维护等。管理信息系统要经历系统建设立项、系统开发实施、系统运行维护和系统淘汰消亡四个主要阶段。

第一，系统建设立项。需要确定系统的定义及信息系统建设的总体构想，通过对信息系统产品进行一系列调研分析，编制系统规格说明书，确定项目正式成立。

第二，是系统开发实施。根据立项阶段确定的项目需求，通过需求分析、设计、编码、测试、交付等工作，使系统建设的目标得以实现。

第三，系统运行维护。当信息系统开发企业完成系统开发，用户验收通过后，系统即可进入运维阶段。系统在运行过程中必然会存在未发现的开发缺陷，因此，需要对系统进行必要的维护。

第四，是系统淘汰消亡。管理信息系统在投入生产使用后，随着用户业务需求的变更，系统必然会遇到改造升级，新功能迭代，技术淘汰等导致系统无法满足业务需求的情况。当用户经过经济、技术评价后，如果不具备使用价值，系统将进入消亡阶段。

④管理信息系统常用开发方法与技术。

第一，常见的开发架构。管理信息系统的架构有 C/S 架构、B/S 架构、C/S 与 B/S 相结合架构三种。C/S 架构即客户端服务端架构，系统分为前、后台服务器应用程序，网络数据库可以进行共享，具有准确性高、安全性强、交互性好、数据处理速度快等优点，缺点是不易于维护与使用，需要安装客户端，如果客户端出现缺陷，需要安装补丁包修复客户端才能保证系统正常运行。B/S 架构即浏览器服务器架构，B/S 架构具有访问方便，不需要用户下载、安装客户端应用软件的特点，在具体应用中，只需要通过浏览器访问系统的 URL 地址即可，提升了系统使用便捷性，具有成本低、方便维护，分布性强，开发简单，使用方便等优点，缺点是网络通信量大，系统和数据安全性较难保障。C/S 与 B/S 相结合架构则是在充分考虑两种架构的优缺点之后，采取 C/S 架构与 B/S 架构结合的方法，充分利用两种架构的优势，提高业务需要。

第二，前后端分离模式。前后端分离模式是指将前端开发工作与后端开发工作彻底分开，代码开发采用不同的框架，运行时分别部署在不同的服务器上，实现前后台解耦。前端负责提供用户访问界面、数据请求、接收、展示及访问访问路径跳转控制等功能，后端代码负责对请求的用户进行安全验证、请求参数接收、业务逻辑实现、数据的处理、并通过接口为前端请求提供响应数据等功能。这种分离模式一是避免了后台代码处理前端路由跳转、页面展示的问题，减轻了在高并发量情况下后台服务器的性能压力；二是降低了前后端代码混在一起，后期运行维护困难的难题；三是前端新增访问设备，如小程序、App 等无须对后台代码进行修改，只需在新程序中调用后台服务器接口即可，可以降低开发工作量，避免对后端系统引入新问题。

第三，面向业务流程思维。人力资源管理系统的开发需要实现 BPM，即业务流程管理（Business Process Management），BPM 是以流程驱动为核心，实现企业全业务流程的信息化管理。早期信息系统以企业管理为目标，注重业务数据的输入、修改、删除、输出，不关注业务流程，与实际业务脱节。BPM 的应用可以从三个方面达到管理信息系统与实际业务的融合。一是可以固化企业流程。在企业规模扩大、制度完善情况下，BPM 可以帮助企业将制度中的流程固化，由系统控制业务流程的流转规则，实现业务流程规范化。二是实现流程自动化。传统的电话沟通、纸质审批流程效率低、可靠性差、滞留追溯困难，BPM 流程自动化能提升效率及可靠性，使得跨部门业务流程更为便捷。三是便于业务流程重组。企业的业务流程制定出来后，企业会不断优化流程，实现流程的科学性、合理性及有效性。BPM 可以在系统中灵活变更业务流程，便于企业应对多变的市场和管理环境。

第四，数据库技术。数据库技术是管理信息系统开发必不可少的技术，计算机在进行数据处理过程中，会产生大量的信息数据，数据库可以有效地组织和存储数据。数据库按照存储数据结构类型可分为 SQL 数据库（关系型数据库）和 NoSQL 数据库（非关系型数据库）。数据库技术在信息管理中具有独立、共享、灵活等优势，不仅具备数据存储的职能，同时还兼具数据管理的功能。数据库技术的应用极大地方便了工作人员对管理信息系统的开发。

（2）人力资源管理信息系统的概念

人力资源管理信息系统是指将计算机技术和人力资源管理理论进行相互的融合，实际表现将线下人力资源的管理实践与线上的信息处理相结合的信息服务体系。其核心为满足企业日常人力信息处理需要的同时，更加明确地定义并优化人力资源管理业务流程。利用信息技术提高信息处理效率，降低人力操作成本的同时，利用大数据分析与人工智能技术在数据分析的基础上得出参考性报告，从而为管理者提供一定的决策参考意见。

（3）人力资源管理信息系统的作用

①信息技术支持企业管理。传统的人力资源指标分析可能面临指标准确度低，指标不全面，相同指标在时间序列上不连续等问题。这些问题就导致企业经营者无法通过系统性的分析指标来对企业人力资源异动做出正确的响应，组织的人力资源管理方向很有可能出现偏差。

人力资源管理信息系统能有效地通过数据信息化、流程信息化和决策信息化帮助企业解决管理中的实际问题。通过对流程的整合、数据的统一，让企业可以利用整合后的数据进行挖掘分析，提炼出对企业有价值的信息，再通过图表展示，为企业管理者提供本企业的相关人力资源指标，企业管理者可通过系统分析相关指标来实现企业人力资源管理目标与企业战略目标的统一，保证企业正确应对企业人力资源异动。而这整个业务流程与传统管理方式相比可以大大提升工作效率，保证数据可靠性和全面性。

②提升企业管理效率。企业未使用人力资源管理信息系统之前，组织主要通过手工或者独立的信息化表格来记录和处理事务，流程单一、事务流程之间关联度低，信息采集、处理、存储分散，存在人为因素导致信息丢失、流程偏差等情况，并且数据资料的保存及整理会占用企业大量资源，耗费管理成本，增加不必要的重复工作，降低企业工作效率。而这些效率低的工作方式对企业人事工作者及企业员工来说不利于身心发展及职业生涯规划。

通过流程整合，将企业人事工作信息化，减少工作量，利用信息系统高效的算法完成数据处理工作，提升企业管理效率。例如，将考勤终端与考勤系统整合减少企业考勤数据采集工作量，还可以有效的跟踪员工迟到、早退、旷工等异常考勤记录。将考勤系统与薪酬系统整合，减少员工请休年假、事假、病假等方面的成本，提升薪酬专员计算薪酬的效率，同时通过将薪酬系统与邮件管理系统的整合，可以减少发放工资条的工作量，保护员工隐私。总之，人力资源管理系统可以将一些重复、简单的工作系统化，整合各个相关工作模块，从而极大的提升企业人事管理效率。

人力资源管理信息系统在人力资源管理中起到了突破性的成就，其发展空间仍然巨大，但是它并不能完全代理人力资源管理者的核心地位。企业在组织开发人力资源管理信息系统时，重点是分析企业自身实际情况，结合现实需求开发，发挥人力资源管理信息系统的辅助作用，帮助减轻管理者的重复工作内容，提升人事管理处理基础事务的效率，使得管理者能够有更多精力去完成规划、控制、决策等需要据实分析完成的工作。让人力资源管理者不仅仅只是一个行政管理人员，而是员工的支持者、企业人事管理的推动者、决策部门的咨询顾问、业务部门的合作伙伴。

③有助于打造学习型组织。当一个企业发展到一定程度时都会搭建属于组织内部的知识管理系统。这些知识都是企业多年管理经验的结晶，是企业重要的资产，未搭建企业知识管理系统前，企业的知识和经验的载体都是企业员工，通过对企业知识系统搭建，可以将企业的专业知识和经验资产化，使得这些资产可以一直供企业学习和利用，减少企业人才流失对造成企业资产的损失。大部分企业都会将企业的知识系统与人力资源管理系统整合统一，两者之间实现资源共享，企业知识系统可作为人力资源管理中企业员工培训考核的重要部分，同时也可以

作为企业招聘面试的参考内容，企业的岗位分析内容也可以作为企业搭建知识管理系统的框架。

通过人力资源管理信息系统与企业知识系统的统一，可以帮助企业实现学习型组织目标。在人事管理活动中，可以将企业岗位练兵、师带徒、企业内部培训师培训等授课活动整合，将员工学习成果纳入考核，制定相应的奖惩措施，帮助企业提升员工理论水平，构建员工知识体系，更好地将专业化的知识应用到工作岗位中去。

④提升人事部门服务质量。在科学的人力资源管理理论背景下，企业人力资源开发、管理时要考虑人的精神需求和社会需求，提升员工在工作中的满意度。人力资源系统的应用可以极大地方便员工参与人事活动，减少人事活动中的时间消耗，提升员工对人力资源管理工作的满意度。

（4）人力资源管理信息系统的框架模型

目前市场上广泛使用的人力资源管理信息系统的功能可分为：组织管理、薪酬管理、招聘管理、考勤管理、培训管理和绩效管理六个主要功能模块，这些功能模块从企业人力资源管理的基础入手，为企业人力管理提供实质性的辅助作用。这六个功能模块有着各自的工作特性，但在实际应用上却有着相互促进的关系。

组织管理功能是人力资源管理信息系统其他功能模块实现的基础，是企业上线人力资源管理信息系统时必须最先实现的功能。组织管理功能包括了员工管理、岗位编制管理和企业组织架构管理，这些都是员工在企业中确立自身价值和管理者对员工实现有效管理的基础，企业在上线人力资源管理信息系统之时，对该功能模块的要求一定进行全面考虑。

此外，人力资源管理信息系统还有流程管理、决策分析等辅助功能。

（5）人力资源管理信息系统的发展方向

①信息技术发展对人力资源管理信息系统发展的影响。信息化正以迅猛的步伐和速度推动着生产力的提升和发展，近年来，随着我国云计算的超级计算模式、物联网的物与物及其人与物的互联、大数据的广泛采集和综合利用、人工智能的不断深度学习、5G等各种新一代信息技术的革命性和创新发展，明显地感觉到现代信息技术在增强生产力方面的先进性。

随着这些新型互联网技术的普及，企业的人力资源管理信息化程度将会迈上新台阶。

首先是对企业人事管理者提出新要求，今后工作重点不再是人力资源事务性工作，而是要充分利用信息技术来做好人事管理工作，因此，人力资源从业者需要有多方面的专业知识。

其次，企业在搭建自身的人力资源管理系统时会变得更加容易，企业可根据自身状况利用云计算的 IaaS、PaaS、SaaS 平台搭建管理信息系统，无须自己购买服务器及配备大量运维人员，这样可以降低企业初期资金投入，还可以体验云服务商提供的更加专业的技术服务，同时企业也可以为自己搭建私有云来提高安全性。

再次，大数据的发展将会使系统的数据利用率不断提高，数据挖掘对企业的决策能力的提升具有重要意义。

最后，5G 技术的发展将会使人力资源管理信息系统的数据共享、移动互联、数据传输等功能得到更好的应用。

②人力资源管理理论及管理主体的变化对人力资源管理信息系统发展的影响资料显示 2020 年中国 65 岁以上人口数量为 0.29 亿，到 2050 年这一数字将达到 1.08 亿，同时全球 60 岁以上人口将达到 75％以上。全球人口结构的改变将引起企业人力资源结构变化，因此，企业对人力资源管理的要求将会变得更高。首先，随着人口红利的优势降低，企业的人力资源将变得更可贵，这就要求企业的人力资源管理活动应尽可能少占用员工的工作时间，另外，人力资源管理者也需要提升自身效率，因此，更多的企业会通过人力资源管理信息系统来提升企业人力资源管理效率，人力资源管理信息系统应用的普及率会更广。

其次，随着 90 后、00 后等一批新鲜力量进入企业，并且将逐渐成为企业发展的中坚力量，人力资源管理主体对象的变化，将会对企业人力资源管理工作提出新要求，企业需要提升人力资源管理的服务质量，同时年轻一代对信息化技术的接受程度高，企业人力资源管理信息系统的应用推广会更方便。

最后，随着人力资源管理理论的发展应用，人力资源管理将更加注重管理与业务的融合，人力资源管理信息系统的发展也将在基础事务管理的基础上不断发展，提升与业务场景的融合程度。

（三）人力资源管理的发展阶段

有人就有管理活动，对人的管理问题具有漫长的发展历程。人力资源管理这一概念提出于 20 世纪 70 年代末，其发展历史比较短暂，但是这一问题的产生和思想却源远流长，经过不断的发展和探索，人力资源管理的理论也愈加完善。

为了更好地展开研究工作，需要对人力资源管理有着更加全面的认知，有必要对人力资源管理的发展阶段进行研究。

1. 早期人事管理活动阶段

早期人事管理活动阶段主要指奴隶社会和封建社会。在奴隶社会中，奴隶的地位等同于牲口，奴隶主像对牲口一样管理奴隶，不考虑奴隶作为人的思维能力和独立人格；封建社会中，家庭手工作坊是社会经济活动的主要形式，由行会制定产品的生产方法、相关标准等，开始出现对于工人的初步管理活动。由于奴隶社会和封建社会两个阶段的管理活动没有完整的理论支持，所以这两个阶段被称为早期人事管理活动阶段。

2. 人事管理阶段

这一阶段开始于 19 世纪中期，即第二次工业革命开始。工业革命使生产能力大幅提高，直接导致劳动和专业化分工的出现，进而引起产量的剧增。由于劳动分工情况的出现，合理安排工作、提高生产率、节约成本等管理工作逐渐被重视，期间出现了泰勒（Frederick Winslow Taylor）的科学管理原理，使管理真正成为一项学科。但是，这个时期主要强调各项管理工作的标准化，以提高生产效率，而人和机器是没有区别的。

泰勒等管理学者对管理实践的发展影响深远，但是他们的思想和理论有一个共同点，管理的科学性、合理性、纪律性是管理的重点，但是没有给管理中人的因素和作用以足够的重视。随着社会的两极分化越来越严重，劳资关系日益紧张，为缓解劳资双方的矛盾，"工人应该如何被对待"这个问题开始被企业研究，工厂开始设立专门的人事管理部门，人事管理部门开始作为一项独立的管理职能。

3. 人力资源管理阶段

随着第二次世界大战的结束，政府关于人事管理的立法越来越多，乔治·埃梅奥（George Elton Mayo）和马斯洛（Abraham H.Maslow）分别提出人际关系理论和需求层次理论，对人的因素有了更加深刻的认知，引领组织行为学的发展，相关著作的出版都把人力资源管理作为重要的职能进行深入探讨。人力资源管理的发展愈加规范，理论体系也在逐步建立当中。

20 世纪 80 年代，企业中人力资本的重要性愈发明显，"以客户为导向""以人为本"等理念逐渐开始普及，这样的管理理念逐渐被企业家们认可，对于企业发展过程中人的因素也愈加重视，人力资源开始被企业视为最重要的资源，对于人的价值认知更加深刻。人事部门逐渐更名为人力资源部门，主要承担为员工提供服务的角色，同时也承担起员工的选拔、培养、发展的角色，优秀的人力资源是企业发展的重要因素，人力资源部门的工作职能也进一步的扩大。

4.战略人力资源管理

到20世纪90年代，美国通用汽车公司CEO尤里奇（Dave Ulrich）提出："人力资源负责人在任何组织中都应该是第二号人物"，充分表明人力资源工作的重要性，将人力资源管理提升至企业的战略高度。人力资源管理被看作是组织战略的贡献者，是实现企业战略目标的重要一环，这是战略人力资源管理的基本特征。人力资源管理以企业未来战略为导向，从程序、方法、制度等方面全过程参与企业管理工作。这一理念将人力资源管理置于组织管理的核心位置，向着资源性管理、自主性管理、动态性管理的方向进行转变，被赋予更加多元化的定义，至此人力资源管理的理论更加丰富，同时也更加实用。

现代的人力资源管理，需要同时担任多个角色，而不仅仅局限于基础事务性工作的处理，将在企业管理中扮演更加重要的角色。

（四）人力资源管理的理论基础

1.人岗匹配理论

所谓人岗匹配简单来说即个人和相关岗位是否匹配，需要个人知识技能等能力符合该岗位要求，与此同时还匹配对应岗位的薪资报酬。总的来说也就是说企业招聘人才、升职加薪等需要根据该员工是否适合对应岗位，此人是否值得任职该岗位的标准来进行，因人而异、因人制宜，由于人都是独特的个体，每个人都有自己特殊的特点，因此要将每个人都安排在适合他们的岗位。

人岗匹配，一方面，有利于员工个体的职业生涯发展，降低公司员工旷工率与失业率，愿意为企业提供更好的服务，形成团结互助，积极向上的工作氛围，另一方面，对企业而言，人岗匹配程度高的企业具有更高的生产力，员工愿意承担工作时间外的工作，具有更积极的工作效率，相应的薪资支出以及额外人工成本与企业收益也是处于最稳定合理的水平，可以利用较低的成本代价获得较高的收益。

人岗匹配涉及供给与价值、需求与能力两方面。首先，供给—价值匹配是指组织或个人感兴趣的方面、追求的目标等是否可以通过企业中岗位提供的相关资源来实现；需求—能力匹配是指组织或者个人自身拥有的知识技能等是否能完全适合对应岗位提出的要求。

根据社会中相关理论可以得到一个较为可靠的结论，即企业中人岗匹配度较高，员工与现阶段所处岗位较为合适，则员工的积极性将会得到极大提高，生产效率也会得到提高，而且员工会感受到在自身的重要性，从而使其会更加积极表现来帮助企业实现经济目标。可见人岗匹配度较高在一定程度上可以促进公共服务动机的提高，并且还会正向影响员工满意度。另外，还有学者已经证明了人岗匹配度会在一定程度上影响员工的行为表现及绩效。

人岗匹配包含两个方面的匹配：一是要求员工任职某一岗位需要符合岗位要求，二就是员工得到的薪资、产出等要以员工的工作态度、具体表现为依据。

人岗匹配的起点是工作分析，如果对岗位没有一个明确清晰的认知，不清楚岗位的具体标准，那么人岗匹配就是空有其位，没有根本，从而无法发挥其效用。人岗匹配的第二步是知人，了解员工的需求以及员工所具有的知识、技能、能力和素质。人岗匹配的最后一步是了解了员工后还需要将他们放置在合适的岗位，每个人都有自己的特点和特长，把合适的人在合适的时间放在合适的位置上，实现人才的有效利用。

利用企业的人力资源在同行业形成竞争优势是绝大部分企业的发展趋势，人岗如果能达到高度匹配并在现阶段社会高速发展变化阶段充分发挥其关键作用，将会促进企业的高速发展。实现人岗匹配需要对个人的各方面素质能力进行认真的评价分析，再通过有效激励机制来促进人岗匹配度实现程度的提高。

2. 需求层次理论

马斯洛认为，人的需要由生理的需要、安全的需要、归属与爱的需要、尊重的需要、自我实现的需要五个等级构成。在企业中，员工工作、企业发放工资、缴纳基本保险、是体现了人对生理和安全的需要。那作为企业来说，在员工满足基本的生理及安全需求之后，想要激发员工潜力，促使其为企业创造更多的价值，那么就要充分考虑到人对于其他需求的渴望程度。

众所周知，销售行业中员工的离职率相对较高，除了销售工作本身的不稳定性以外，最大的原因就是员工对企业缺乏认同感和归属感。作为企业如何才能让自己的员工对公司有归属感呢？企业文化的打造无疑是至关重要的。当一家企业拥有了独立的企业文化，并通过这种文化，将企业的所有员工都能凝聚在一起，形成企业内部的合力，这不仅能为企业留住人才，更是实现员工归属感的根本需求。同样的，面对不同类型的员工，他们的需求也是多种多样的，所以，根据实际需求激励员工是人力资源管理最重要的目的之一。

3. 人际关系理论

人际关系理论创始人美国行为科学家梅奥阐释了人的积极性对提高劳动生

产率的影响和作用。通过霍桑试验，不断改善工作条件和环境等外在因素，试图找到提高劳动生产率的途径。试验发现影响劳动生产率的根本原因并不是工作条件，而是工人自身，当工人意识到自己的重要性，就会产生归属感，这种归属感会让工人产生积极工作的观念，主观上想去完成未完成的工作，在这种情绪的引导下，提高了员工的工作效率，而这些因素相较于金钱等实质性的奖励来说，更加能激发员工的潜能，提升整体的工作效率。可见，在员工从事工作的过程中，团体给予的归属感和安全感是非常重要的，这些看似与工作无关紧要的因素，却可以在潜移默化中起到激励员工的重要作用。

和睦友好的工作氛围会给员工的心理上带去舒适感，从而让其面对工作没有情绪上的排斥或负担。一些人在面对每天的工作时会产生一种抵制情绪，往往造成这种负面情绪的并不是工作本身的烦琐和复杂，而是来自低气压的工作氛围，或是并不和谐的同事关系，作为人力资源管理，实时疏导，有效改善可以助推工作效率不断提升。

4. 双因素理论

双因素理论是美国心理学家弗雷德里克·赫茨伯格（Fredrick Herzberg）1959年提出的，也可称为"激励—保健理论"。是把企业中有关因素分为满意和不满意两种。满意因素是指可以使人得到满足和激励的因素。不满意因素是指容易产生意见和消极行为的因素，即保健因素。这两种因素是在企业里影响绩效的最主要原因。一般而言，保健因素与工作无关。满足这些因素，可以消除员工存在的不满情绪，但不会起到激励作用，只能维持在原有的工作效率。而真正能激励员工，督促员工为企业创造更多价值的往往是与工作息息相关的激励因素，包括工作带来的满足感、上级的认可、自我挑战的成就感等。尤其是对于行业里的技术型人才，相比于物质的激励，他们更看重的是职业的发展前景，以及在专业领域里获得的赞赏和成就。因此，通过赫茨伯格的双因素理论的研究可以让企业的人才激励制度更加有针对性和可操作性。

5. 期望理论

弗鲁姆的期望理论是北美著名心理学家和行为科学家弗鲁姆（Victor H. Vroom）于1964年在《工作与激励》中提出的，别称"效价—手段—期望理论"。弗鲁姆认为，人总是渴求满足一定的需要并设法达到一定的目标。这个目标在尚未实现时，表现为一种期望，这时目标反过来对个人的动机又是一种激发的力量，而这个激发力量的大小，取决于目标价值（效价）和期望概率（期望值）

的乘积。

在企业里，每个人都对生活或是自身发展有所追求，有想要完成的人生目标，这种迫切改变现状，想要自我认可的期待正是企业需要去激励的，而想要真正地做好企业人力资源管理工作，就要切实了解每一位员工真正所期望的，并将这种期望与企业激励的措施相结合，从根本上激发员工去服务企业，而企业能帮助员工实现期望，形成双赢。换句话说，员工对工作、对自身的期许恰恰是企业激发员工最有效的手段，掌握员工需求，并从实际出发，为员工自我价值的实现搭建平台，提供资源，从而让员工更加真心实意地为企业创造价值。

6. 公平理论

公平理论（Equity Theory）是由美国学者亚当斯（J.S.Adams）于 20 世纪 60 年代提出的一种激励理论。他认为人们对自己报酬的知觉和比较的认知失调，会导致当事人的心理失衡，即不公平感和心理紧张。如果报酬公平，当事人就会获得满足感，从而激励当事人的行为。通过公平理论不难看出，公平对于企业的重要性是不言而喻的，因为不管任何人在任何企业或遇到任何事情，都想得到平等的对待。相同的工作，不同的工资报酬不仅会影响员工工作热情，降低工作效率，更严重的会导致人才相继流失。

作为企业管理者，不仅要从企业本身出发去考虑员工的薪资报酬，更应该站在员工的角度，市场的角度去全方位的衡量。尽可能地消除员工心理上的不公平感，进而营造积极进取、你追我赶的良性竞争氛围。

公平理论看似简单，但执行中却存在诸多问题。有人说，法理之内也有人情，更何况是企业的管理，想要真正做到铁面无私并不容易。企业不是不可以有人情，但管理制度就是制度，不能因人而异，在没有合理且正规的原因下，作为管理者就应该一视同仁，公平的对待每一位员工。

7. 培训理论

培训理论（Training Theory）可称为行为修正理论或者矫正行为理论，是现阶段较为重要的关于人力资源管理的理论。从 20 世纪 80 年代以后，随着社会经济各方面的发展，人力资源逐渐成为一个企业中可以与其他物质财富、技术资源等处在同等地位的资源，尤其是在如今第三产业占主导的社会经济发展趋势中，企业员工的培训优劣程度与企业运营的财务绩效存在显著的相关关系。

培训理论主要包括强化理论和目标设定理论。美国一位心理学家最先提出了强化理论，他认为人的行为是对其所获刺激的函数。若是该种刺激对他具有积极作用，那么就会反复出现这类行为；若对他产生消极作用，那么这类行为就会逐渐减弱，直至消失。所以作为企业的管理者，需要实施各种措施来促使员工的表现和企业的目标相一致。根据强化的性质和目的，可以分为正强化和负强化两大类型，正强化又称积极强化，是对有利结果行为的加强，负强化又称消极强化，是对不利结果行为的排斥。

1960年，爱德温·洛克 (Edwin A.Locke) 提出了目标设定理论，该理论认为个人大脑潜意识的行为目的决定了一个人的行为。该理论认为挑战性的目标是激励的来源。只要设定了目标，就会合理分配指导个人精力的分配，朝着激励个人实现目标的前进方向而不断努力。此外，如果培训项目的目标十分明确且具有一定的挑战性，就会极大地激发人们的学习兴趣。反之，培训的项目目标较模糊且难度较大，其学习动机就会显著降低。培训可以提高工作效率最终获得长期回报，因此，企业培训机构的优劣性开始成为现代员工就业过程中考虑的重要因素，企业培训力度大、质量好、效率高能够提高员工对企业的满意度，而这些企业必将是员工的主要流向。

目前，基于我国经济发展压力大、劳动力成本高、人口红利逐渐消失、产业结构升级带来的挑战，求职者开始占据招聘市场的主导地位。国内企业已经察觉到进行管理培训对自身可持续发展的重要性，因此在培训领域投入的资金不断增加，但是仍有部分企业缺乏对员工培训重要性的认识，认为员工的高度流动性会无法保证企业进行培训后得到的回报，存在培训员工是为竞争对于培养人才的错误想法，另外企业受益的不确定性、资金的有限性也会阻碍企业的培养力度。上述情况依然存在，但就目前国内发展趋势而言。企业培训需求日益强烈，培养好员工逐渐成为主流。

8. 权变理论

权变理论是一种管理理论，经过较为全面的发展形成了相关企业管理问题。权变理论最核心的思想是认为企业的各类管理制度方法等必须随着内外部环境的变化而不断变化调整，因为企业中的组织及组织人员是极为复杂的，他们的行为具有不确定性，以前的管理理论就不太适用，超出了理论涉及范围，随后各种例外情形都开始相继出现，没有任何一种管理理论能包含所有出现的情况，因此管理方法及体系都需要因时、因情况而变。也就是说企业管理各方面都需要根据经济环境、政治环境以及硬件条件等具体情况来进行调整完善。

由于企业的管理系统是开放的，所以会与外界环境进行交流，从而企业会为了适应外部环境的变化对自身管理体系进行调整完善，以实现企业长期可持续发展。按此权变理论的思想，能够有效指导企业理论评价体系的建立。由于不同的企业有不同的内外部环境条件，所以相应的企业便会因为自身内外部环境条件的变化而变换管理的方式与准则。

实际上，权变理论核心概念就是世界上没有什么固定不变的管理方式。另外，权变理论整理了很多企业领导管理者的工作数据，并将这些数据上传给制造商，这对于全面了解管理者的工作方式具有重要作用，这些数据资料可以作为合理分配职员职位的重要依据，有利于企业更好的发展。

（五）人力资源管理的相关原理

1. 系统优化原理

系统优化原理是指人力资源系统经过组织、协调、运行、控制，使其整体动能获得最优绩效的过程。归根结底，人力资源管理部门最终是要为企业的整体战略目标而服务。因此，想要真正地发挥其效用，不仅要制定与企业战略目标相匹配的人力资源管理策略，更要重视人力资源管理内部结构的优化。一家企业就像是一个有机的整体，各个部门都是这个整体的组成部分，都有其特定的目标和对应的职能，在整体系统优化过程中，并不是要将每一个部门都打造成最优的个体，而是要打造每个个体之间的有机之和大于整体，即一加一大于二的效果。以彼之长补己之短，最终实现整体系统的最优。

尤其是对中小企业而言，各种资源都是有限的，没有足够的能力将各部门都做到最优，所以就要有取舍。当然，取、舍不是简单的弃之不顾或只是一味地加大投入力度，而是依赖于企业的核心竞争优势及企业存在的不足，结合外包业务的优缺点，将资源用于刀刃，才能优化整体，提升资源利用率，实现效益最大化的优化策略。

2. 能级对应原理

能级对应是指在人力资源开发中，根据个人能力的高低安排工作、岗位和职位，使人尽其才，才尽其用。其原理的应用是动态可调的而不能是一成不变的，按照能级对应原理可知，企业的管理结构呈现正态正三角形是属于合理而稳定的，而处在不同能级的人员所需的技能也是不同的。能级越高，负责的事务越是宏观，统筹能力要越强；能级越低，负责的工作相对具体，从而需要的专业业务能力要更强，并要对企业有一定的忠诚度。只有企业设置的岗位能级和员工自身的技能有效对应，才能让正三角形的管理模式更加稳固，也能避免大材小用，进而造成人才的流失，或是小材大用，导致工作效率低下甚至是贻误工作。

能级对应对企业的经营管理有着重要的作用，根据企业的规模、市场环境、经营现状、资源结构进行合理匹配，既要满足日常运营所需，又能满足未来发展的储备。

能级对应原理在岗位设定、人才招聘中起着决定性作用，很多企业管理者认为越高层次的人才越适合企业的发展，连基本工作岗位都要求研究生学历，这种做法不仅不会给企业锦上添花，相反还会使人力成本的增加变成企业的负担。所以，科学而合理的能级划分能帮助企业用最少的资源实现最终的目标。

3. 互补增值原理

互补增值原理就是将企业员工的个体差异采用互补的方式利用起来。互补能够实现整体的增值，达到人力资源管理目标。互补增值的内容通常包括知识互补、气质互补、能力互补、性别互补以和年龄互补。员工作为一个个单独的个体，通过招聘、培训、上岗进入到企业，合成企业这样的整体，但就像是十根手指各有长短一样，企业员工亦是如此。

年龄大的员工拥有的是工作经验带来的成熟稳重，刚刚走出校门的学生，拥有的是初生牛犊不怕虎的勇气和无限的创造力，而作为企业的经营者，需要的不是单一的人才价值有多高，而是全面综合价值的提升，这就需要人力部门架构起新老员工之间的互补桥梁。

让有经验的员工将多年积累的经验传授给新员工，让他们能更快地适应工作，减少走弯路。而新员工可以为企业带去新的技术、新的气象，让老员工接收到更多的变化，不断更新眼界和知识储备，更好地适应快速发展的未来。在企业中，这种以老带新的传承恰恰是互补增值原理的体现。

除了年龄之外，在其他方面也要将互补增值原理融合进去，因为企业就像是齿轮一样，互相紧密咬合在一起才能组成最强的竞争战队。

4. 弹性冗余原理

弹性冗余原理是在人力资源管理过程中需要有一定的伸缩空间，保持弹性，不能满负荷运行。凡事都讲究张弛有度，人力资源管理工作也不例外，一味地用高压政策或是全方位的监督，并不一定会达到理想的效果，还有可能背道而驰。弹性的工作制度、环境并不是说废除公司的各项规章制度，相反，是在硬性的制度上施行更加人性化、科学化的管理手段。

　　员工的绩效考核成绩应与工作的完成度、取得的结果相挂钩，而出勤时间、加班时长并不应该作为主要的标准。换言之，管理者应更注重员工的工作效率，而非工作的时长。如只是刻板的严格按照规章制度执行，不仅会出现浑水摸鱼的现象，也会让很多人活跃的创新思维固化在条条框框中。尤其是对于从事技术研发、创新型工作的人员，应该尽可能地为其营造更加自由的空间，充分发挥其才能，这不仅会提升员工对企业的忠诚度，也会给企业带来不菲的价值。

　　弹性冗余原理，其实就是企业管理人才的"度"。把握好"度"不仅会让员工感到舒适，管理工作也可以有序推进，更加可以激发员工工作潜力，提升工作效率。当每天的工作时长是固定的，那么员工会用一天的时间去完成一项任务。但如果每天的工作量是固定的，那么员工可能会用半天甚至更短的时间去完成等量的工作。所以，作为人力资源管理者，把握好管理的松紧度十分必要，既不能让员工满负荷工作，疲劳过度，也不能让员工无所事事，浪费企业资源。

　　5. 激励强化原理

　　激励强化原理又称效率优先原理，是指通过奖励和惩罚，使员工明辨是非，对员工的劳动行为实现有效激励。在人力资源管理的概念中提到过，人力资本与企业其他资本的区别在于，人是有思想、有情感的，面对工作，有主观能动性，做好或做不好，人的思维导向占有很高的比重。因此，激发员工工作热情，主动承担工作，有效开展工作，是人才开发利用的关键。而激励员工的方式方法却不是唯一的。由于个体之间的差异，让不同员工对工作有不同的期待，而这种期待恰恰是企业激励员工最佳的手段。工作在生产一线的工人们，最重要的莫过于照顾家庭，那么提高薪资待遇就是不二之选。而从事科技研发工作者来说，比起福利待遇，他们或许更看重的是研发成果及职业前景，因此对于他们来说，企业为其设定的职业规划就显得尤为重要。销售人员常年出差在外，很少有时间陪伴家人，集中休假对于他们是难能可贵的，在销售淡季，酌情给销售人员放长假，必然会给员工及其家人带去温暖。

　　企业想要做强做大，靠的不是一两个人的努力，而是企业所有员工的齐心协力，那么多角度、多方法地去激励员工，让员工感受到企业真心实意的关怀，是提升归属感和凝聚力的最佳策略，更是激励强化的有效方法。

（六）人力资源管理的主要内容

　　学术界普遍认可将人力资源管理划分为 6 个部分，包括员工关系以及绩效和薪酬管理等。

1.人力资源规划

人力资源也需要企业有效规划，这开启了系统化管理，要想实现企业的长久繁荣发展，不断实现组织的短中长期目标，就需要对人力资源管理进行有效规划。主要是通过了解企业目前需求为前提，做好未来的规划，以备不时之需，同时要针对需求设定相应的职位，招聘更多人才，但是这就需要企业做好岗位的合理规划与匹配，避免流失人力物力，组织员工加强技能培训以及素质教育，完善员工薪资机制、未来职业发展规划等，不断促进企业的发展，加速企业实现目标的进程。整体来看，人力资源规划涉及以下几个方面：

第一，企业战略规划。企业确定的战略目标需要有合理完善的人力资源规划，当企业组织在决策实施相关战略的过程中需要做好关于人才需求的计划安排。

第二，企业规划设计。一个企业在不断发展壮大的过程中，其内部的各类结构也都不断地在变化调整，此时人力资源管理也就需要随着组织结构的发展变化而进行设计调整。

第三，无论哪个企业或组织制定的规划都需要用制度来规范保障规划的有效实施。其中人力资源管理的制度设计就涵盖多个方面，最主要的就是薪资制度、人事制度、激励机制。

要实现完善的管理体系还需要企业领导者通过集思广益或借鉴其他企业的相关做法，实现科学合理有效的制度体系。再就是人员规划，它作为人力资源规划的一个分支系统，主要目的就是要合理规划企业员工数量，做到供需平衡，在现有员工的基础上预判未来员工需求。最后即为成本费用规划。成本费用规划就是指要控制好人工成本，尽量减少成本费用，通过合理分析来对预测未来的费用。

2.人员招聘

招聘一般指企业通过合理的渠道为自身的繁荣发展寻求到理想的员工，这是获得人力资源最基本的方式。招聘的主要形式分为笔试或面试，面试就是企业招聘者通过采取提问交流的方式来了解求职者的综合素质，在这过程中求职者将尽力展现自己的才能以获得招聘企业的青睐。当然，企业的人员招聘需要根据实际的规划及需求来实施。

3.培训与开发

在全球化背景下市场竞争越来越激烈，这就需要员工具有较高的技能素质。

企业就要对内部员工进行培训，提高他们的技能、知识储备量等，对员工进行集中统一培训是提升知识技能的重要途径。

此外，提升企业的发展也离不开员工培训开发这一过程，我们可以看到很多成功的企业很注重员工知识技能的培训，他们会投入较多的人力物力来鼓励员工不断学习、不断创新，充分发挥人的潜能。培训既能够提高职员的知识技能，也能推动企业战略的实施，还能改进现阶段员工的工作方法，提高工作效率。由于目前市场环境处在飞速变化阶段，人力资源管理已成为重要内容，要实现企业的目标，对员工进行职业技能培训已是必然趋势。

4. 薪酬管理

在组织管理过程中，薪酬指的是对于成员付出的劳动以及完成的工作，为其发放相应的回报和补偿。一般来说，企业或者其他组织对于成员的薪酬由物质与精神奖励两部分组成。薪酬管理具有动态性，需要根据组织整体的战略目标，确定薪酬体系与构成以及结构等，并且需要进行薪酬体系与制度的设计，需要在战略目标的导向下，对薪酬方案进行调整，从而保证现有的薪酬管理具有竞争性和激励性。

5. 绩效管理

绩效管理的目的是使组织内员工每个人的目标与组织目标保持一致。具体的方式主要是提供绩效辅导和制定绩效规划，同时还包括结果的应用与考核评估等等。在绩效管理过程中，一个非常重要的基础工作就是制定计划，若是计划不够合理，那么绩效管理的效果也会因此大打折扣。

绩效辅导同样是非常重要的环节，若是工作人员得不到有效的辅导，那么也会影响绩效管理工作的开展，并且会对绩效管理效果产生影响。在绩效管理过程中，绩效考核能够及时发现问题并对其进行纠正，若是不能进行科学的考核，可能会导致效果得不到充分发挥。

要想保证绩效管理的效果，需要发挥绩效结果的作用，应当充分利用激励机制以及绩效管理机制，只有这样才能使绩效管理的作用得到充分发挥。绩效管理最终目标是不断提高个人、部门和组织的绩效。

6. 员工关系

员工关系是指员工和企业双方的劳资关系，企业除了尽到法定的责任和义务外，也要通过一系列的管理办法来促进和改善员工关系。

以上人力资源管理六个核心模块是形成企业核心竞争力的关键因素，在企业发展过程中发挥着重要作用。

（七）人力资源管理的功能作用

1.人力资源管理的功能

根据目前的人力资源管理基本理论研究中的表述，人力资源管理主要可以归纳出以下五个功能：

（1）获取

根据公司的目标而设置所需要的员工资质和条件，通过计划、招聘、考核、测评、筛选、获得公司所需的人才。

获取的手段包括四个方面：

①从业情况分析。从业情况分析是进行人力资源管理工作的基本工作。在这个流程中，要对各项职务的具体任务、岗位职责、环境和其他的任职资质作出详细的描述，编写并提供相应的岗位说明书。

②企业人力资源计划。企业人力资源计划主要是将公司对于人员的数量和素质的需求与其有效地供给进行协调配合。需求来自组织所做工作的实际现状和对未来进行规划预测，供给则来自内部和外部中合格的人力资源。

③企业招聘与甄别。企业应该根据自己对于应聘者的吸引力和接受程度来选择一种最合适的招聘方式，例如，利用各种报纸或广告、网上招聘、专门的职业简介所等。

④选拔与使用。经过岗位培训后，为考核合格的人员安排工作。

（2）整合

通过对企业文化、信息交流、人际关系、矛盾冲突的处理与化解有效地整合，使得企业内部的各种个体、群众的宗旨、行动、态度都会更加趋向于符合企业的需求、理念，使之能够形成一种高度的合作和协调，发挥企业的集体优势，提升企业的生产能力和经济效益。

（3）保持

通过对员工的薪酬、考核、晋升等一系列的管理和服务活动，保持员工的积极性、能动性、创造性，维护劳动者的正当合法权益，提供员工安全、健康、舒适的工作和生活条件，提高其对企业的满意度，以保持其能够安心、愉快、高效地开展自己的工作。

保持职能主要包括两个基本方面的内容：

①要切实地保持企业和员工的实际劳动积极度，例如，公平的薪酬、有效地沟通和参与、融洽地建立劳资关系等。

②要维护健康、安全的生活和工作条件。第一，报酬：制定公平合理的工资制度。第二，加强团队的人际沟通与参加：公平地公正对待自己的团队员工，疏通团队人际交往关系，沟通团队情绪，参与团队管理。第三，加强与劳资关系：解决与劳资关系各个领域中存在的争端和问题，促进与劳动者之间关系的发展和改善。

（4）评价

对于员工在工作中取得的成果、工作态度、技术水平和其他各个方面都要做出全面的考核、认定和评估，为公司做出相应的激励、晋升、去留等决策提供参考。

评估的功能主要包括对工作进行评估、绩效考核和满意度调研。其中以绩效考核为内容和基础，它也是对于员工进行奖惩、晋级等人力资源管理和其他决策的重要依据。

（5）发展

通过加强对员工的培训、工作内容的多样化、职业生涯的规划和开发，促进了员工在专业知识、技能及其他各个方面综合素质的提高，使其自身的综合能力和才华得以有效地增强和充分发挥，最大限度地体现其自身的个人价值和对于企业的贡献率，达到了员工本人及所在企业共同健康发展的目标。

①对参训员工的专业培训。按照学员个人、工作、公司的实际工作情况并结合企业自身发展实际需求，制定一套员工培训实施方案，并最终选取其中的一种作为培训实施方式和训练手段，对其通过培训的具体效果做出一个综合性的评价。

②职业发展的管理。有利于帮助企业为员工量身定做个人发展规划，使得员工自身的发展和企业自身的发展能够更好地协调，满足员工自身成长的需求。

2. 人力资源管理的作用

人力资源管理的重要作用包括以下六个方面：

第一，根据每个人才具有的专门技术和特长情况来确定人才资源配置，这样能够促进他们在企业中更好地利用和发挥自己的技术专长与特点。

第二，营造一个让员工感觉轻松愉快、和谐的内部工作生活环境与企业氛围，能够有效促进全体员工之间的相互理解交流与融洽，树立为企业健康发展而努力奋斗的信念。

第三，充分调动全体员工的积极性和工作热情，将自己复杂多变的工作完成得更好，将自己的潜力尽可能地发挥出来。

第四，进一步加强对于企业各个层次人才综合素质的培训，既包括对专业知识的深入学习和晋升，也包括对于思想道德品格的提高。

第五，提高员工的工作绩效。

第六，有效地充分利用与我国企业自身发展战略相适应的经营管理及专业技术方面的人才，最大限度地挖掘他们的能力，可以促进我国企业战略的制定和实施，促进我国企业的快速飞跃和发展。

（八）人力资源管理的常见方法

1. 控制型人力资源管理

该方法主要致力于采用管理控制手段，对企业中的人力资源实施管理，在人员选拔上，控制型管理主张严格制定选人标准，通过加强员工素质能力控制，让进入企业的人员都达到较高的质量和素质。在人员管理上，通过加强控制，让人力资源管理的规范性加强，人员管理的制度化水平提升，从而保障人力资源的价值产出。

2. 经营型人力资源管理

该方法在人力资源管理上注重对企业中的员工实施能力发掘与培训，并注重做好人力资源价值发挥的管理，通过加强员工培训，提升企业员工的能力素质和专业技能水平，通过加强生产经营科学性的管理，让员工的劳动价值得到最大程度的发挥，从而实现企业人力资源管理效益的最大化。

3. 承诺型人力资源管理

该方法注重依据企业战略实施针对员工凝聚力、向心力以及团队合作水平的管理，其注重人力资源的整体有机性，注重团队管理，致力于通过有效的人力资源管理，为企业打造高绩效的工作系统。其主张通过进行员工选拔，选出在价值观、发展愿景、职业诉求上符合企业战略发展规划的员工，以组织承诺把其培养成为企业中的精英人才。通过不断培养和优化企业的人力资源团队，让企业形成一个具有高度凝聚力和组织团体，从而为企业战略目标和规划的实现而努力。

第二节 高校人力资源管理的重要性

一、高校人力资源的内涵

高校是培养高素质人才的组织结构，是学生、师资、行政和服务等资源的总和，是以实现人才培养、科学研究和社会服务三大任务为目标的资源组织，蕴含着知识、技能、态度、经验以及创新思想，是社会进步、全民素质提高、知识集聚和创新的助推器。

因此，高校的人力资源主要体现在师资队伍的建设方面，辅助以行政、服务等为一体的劳动力总和。从国际化教育和信息化普及的角度来看，我国高校教育逐渐呈现出灵活性的特征，人力资源的建设在于师资队伍，教师体系是国家知识创新的重要力量和高层次人才队伍的重要组成部分，是实施科教兴国战略和人才强国战略的强大生力军和动力源，在我国全面建设小康社会和加快社会主义现代化建设进程中起着基础性、战略性作用。

二、高校人力资源管理的内涵

高校人力资源管理的内涵具有人力资源管理内容的基本特征。高校人力资源管理的内涵是指学校人力资源部门对现有的从事体力劳动和脑力劳动的员工（主要是师资队伍）进行有效的分配和组合，使高校人力资源部门的运行效率最大化。

对于高校来讲，人力资源管理具有的内涵包括：一是具有体力和脑力劳动的双重特性，二是组织成员具有一定的实用知识和操作技能，三是能创造出财富，提高学院的整体建设能力。

另外，高校可以充分利用科学的人力资源管理方法，对所需要的人员进行招聘与进修培养，有效使用与合理安置，科学考核和激励，找到适合学院人力资源部门所需要的劳动力，以便为学院发展创造出最多的机会和更好的平台。

然而，高校的师资队伍可以从政府和学校自身两个方面建设。从政府角度来看，应该从战略高度实施良好的宏观政策，大力支持人才引进的激励机制，把高校师资队伍建设作为政府时刻关注和紧迫的战略任务，全面开展竞聘上岗，保证师资质量。同时，加大教育改革力度，增大高校的自主权，为学校真正的实施有效管理措施创造良好的外部环境。从学院来看，将教师队伍建设摆在学校工作的重要位置，坚持以人为本，科学制定学校发展战略规划和教师队伍建设规划，大力推进人才强效战略的实施，进一步解放思想、更新观念、创新机制，营造环境，促进优秀人才脱颖而出。

三、高校人力资源管理的重要性

随着经济全球化的深入以及科学技术的进步，无论是在人才的竞争方面，还是在国与国之间的竞争方面，企业与企业的较量，高校与高校的较量都无不存在。高校若不注重人力资源管理，适时调整人力资源管理策略，则容易在竞争中失去优势，使办学举步维艰。因此，人力资源管理在高校中的作用具有以下两点重要的意义。

第一，高校人力培养为社会经济、技术进步提供后生力量。作为我国高等教育的重要组成部分，高校拥有丰富的人才资源，在知识创新、人才培养等方面能发挥重要的作用，促进了全面建设小康社会和加快社会主义现代化建设进程。因此，加强高校人力资源的开发与管理，建设一支结构合理、富有创新精神的人才队伍是一项重要工作。

第二，高校平台是高校教师自我发展与提升的需要。无论是高校自身的发展，还是教师的晋升，加强高校人力资源管理的建设，都是对两者的重视与考验。规划高校人力资源活动、了解人才的需求、营造良好的教学科研环境、促进教职工自身的发展，是实现高校高速发展的源动力。反之，高校的发展又能为人力资源自身的发展提供更好的平台，直接促进教职工自身的发展。因此，加强高校人力资源管理建设，促进师资队伍合理科学配置，是建设一支高水平的人力资源队伍的硬性指标。

第三节　新时代高校人力资源管理创新的机遇

一、高校人力资源管理的创新

（一）管理思想观念创新

人力资源管理的专业化建设，有助于提高学校整体管理的有效性，可以保证一线员工充分发挥其自身的积极性，进而提升学校管理的整体能力和效果。采取专业化的管理模式，不但是管理专业化的基础和前提，更是管理专业化的根本保证。

对管理人员进行专业化建设可以有效提高高校管理的整体能力和效果。任用专业的管理人员，有利于提高工作效率和管理水平，能够更好地实现学校人才培养目标，从而提高学校的整体管理和教学效果。而专业化的管理，更有助于提高管理人员自身素质和业务水平。

高校通过对高等教育的发展规律和人力资源管理理论的深入研究，对创新管理思想和管理专业化建设，从以下四个方面着手。

第一，建立相关的制度。促进专业化的制度管理，首先，加强人事任命、考核、薪酬管理等方面的制度建设；其次，通过建立以人为本的考核制度，来帮助管理者发现自己的长处和短处，让组织成员明确自身的职业发展方向。

第二，科学设置岗位。专业的管理对整个学校的健康发展具有长远意义，作为工作平台的专业工作人员，管理职位的设置是否科学、合理，将直接影响实施的专业管理人员。学校在优化管理结构，合理分配资源的基础上，坚持职能设岗、职岗分离的原则。依照这一原则的实施，在校内营造一个良好积极、人事相宜的工作环境，促进高校各项管理工作有序高效地运行。

第三，引进专业化人才。学校根据其自身发展的需要，对专业人才的需要量较大，因此需要特别注重专业人才的引进。学校需要的专业人才是指具有高等教育专业背景，自身知识结构有符合大学教育要求，受过良好教育的人员。通过对这一类专业化技术与管理人才的引进，能够有效推动学校高素质教师队伍的建设，壮大并优化教师队伍的整体组织，使得高校在教育教学质量和整体管理水平上有较大的提升。

第四，对服务人员进行切实有效的培训。对学校的相关服务人员进行科学有效的培训，对于学校的管理工作具有重要的意义。在服务人员的培训上，应将重点放在现有的知识结构的转型提升的程度上，专业化的管理人员把重点放在需要的知识和技能上。通过这样有针对性地对相关人员进行有效培训的方式，进一步优化高校整体的人员结构。

（二）组织机构创新

高校的组织机构是高校开展知识和科技创新、提高人才培养质量的有力支撑，是高校实现人力资源合理配置的有力保障。因此，高校要实现人力资源配置最优化，首先要保证组织机构设置的最优化。

高校组织机构的优化设置能够从根本上保证人力资源的优化配置，高校组织机构的科学设置会对其人力资源配置的合理性产生较大的影响。因此，高校的组织机构应具有精简高效、目标一致、分工明确、线路明晰的特征。只有具有以上特征的组织机构，才能保证高校人力资源的优化配置。高校的组织机构设置应遵循以下两个原则：

第一，精简高效的原则。组织是根据特定的发展目标而建立起来的机构。高校里的各个机构都是围绕高校培育高素质技能型人才的战略发展目标来制定岗位职责和工作任务。精简高效的原则，就是依照高校的战略发展目标，根据当前时期各项任务的要求，科学设置相应的部门和岗位。

第二，目标一致的原则。高校的组织机构是一个纵向层次分明，横向单元独立的系统。从这样一个系统构成上来看，目标一致的原则就显得尤为重要，如果不遵循这样的原则，将会出现各部门各自为战，部门之间缺乏纵向和横向的协调的现象，严重影响整个组织的有效管理和务实高效。

高校通过遵循以上两个原则，可围绕高校改革发展的总目标，建立坚持党委领导下的院长负责制，构建党委正确领导、行政积极作为的领导体制，创新横排式扁平化的高效科层组织体制，实施以目标绩效考核为核心的学校运行机制，建立以竞争上岗为核心的人力资源管理制度，使得能上能下、能进能出的新观念扎根于员工队伍中，实现专家治学的理念制度，这种精简高效且极具创新性的组织机构，可以为高校的绩效管理提供有力保障，同时，也为实现人力资源的优化配置打下坚实的基础。

（三）人力资源培养创新

人力资源培养创新，具体是通过对工作人员的培训产生实际有效的效果。积极创新人力资源的发展以及培养机制，需要加大力度进行教师的培训工作，灵活运用人才，加强产学研的融合，对于高层次人才开展针对性地培养工作，鼓励人才进行技能化的培训。并对创新绩效评价考核机制以及激励机制进行改革，对人才进行分类管理，完善科学的岗位设置并对各个岗位进行精准科学分级工作，提升考核过程中的效益指标，并加大物质奖励以及精神奖励并存的激励制度，落实提高激励管理的实际效益，创新人才管理的工作模式以及流程，人事管理部门对于人事制度进行分解，各个部门各司其职，对于考评、招聘以及培训、引进等工作进行专人负责，并协调在实际工作中遇到的各种问题。

（四）薪酬管理创新

在人力资源管理体系中，薪酬管理是人力资源开发和管理最有效的手段之一。其管理体系的设计是否合理，不仅影响到组织成员的个人利益及其自身工作的满意度，更是直接影响到组织成员的工作效率，甚至还会影响到组织的整体战略目标。薪酬由经济报酬和非经济报酬两部分组成。经济报酬又分为直接报酬和间接的报酬；直接报酬包含了基本工资、奖金、职称津贴、课时费等内容；间接的报酬，包括福利和其他有形或无形的服务。非经济性报酬指的是员工在工作中获得的满足感和职业幸福感，包括个人素质的提升、同事和上级的认可、获得的荣誉等。

在薪酬制度的设计上应进行充分的科学论证，遵循按劳分配、效率优先的原则，结合薪酬管理系统科学化的设计与开发战略，同时考虑到公平性和可持续发展性，由此可以得出高校薪酬管理具有以下特点：

第一，薪酬分配的公平性。薪酬要有效地发挥其激励作用有一个前提，那就是建立在公平的基础上。依据"公平理论"，根据工作职责的大小、知识和能力水平的高低、工作性质的差异，直接将薪酬反映在学校的不同位置和不同层次上。

第二，增强薪酬吸引力。薪酬体系设计应考虑到劳动力市场的影响、同质化学校和社会薪酬水平等因素的影响，结合学校实际，提供对人才有较强吸引力的薪酬，减少因薪酬问题造成的人才资源的流失率。

第三，绩效考核直接影响薪酬。教师个人的绩效考核成绩直接影响到其个人的薪酬，通过这种方式实现在同一时间确保公平和促进学校的整体性能标准。

第四，突出薪酬的激励作用。高校薪酬制度的设计以赫茨伯格的保健—激励理论为依据，识别出影响激励作用和效果的保健因素与激励因素，在具体策略中以提高激励为导向，通过动态的工资、奖金、晋升和其他形式，如开展社会服务工作，来提高教师薪酬和改善工作条件。另外，学校通过改善教师办公场所条件、提高文化生活水平等措施，来增加教师的职业满足感和幸福感。

第五，差别化的间接薪酬设计。根据教师个体需求的差别，在激励性福利项的设计上体现差别化和个性化，可以采取自选式菜单福利的办法。教师员工可根据自身需求和个体偏好，采用自选式菜单福利这种灵活的方式，来满足自身的需要，差别化的间接薪酬设计就可以取得良好的激励效果。

（五）人才引进机制创新

人才资源是高校发展的关键。因此，建立完善的人才引进机制就显得尤为重要和迫切。一些高校的管理者们深入研究了其他高校的人才引进机制，并进行了大胆创新。这些学校的管理者们认为，要围绕学校发展的总体战略目标来引进人才。根据本校各专业发展和总体战略目标的需要，吸引能力强、层次高的优秀人才资源到校参加工作，以进一步提升学校教师队伍的素质，改善人才结构，进而有效提高整个学术团队的教学水平以及进行科研的能力，为本校提高人才培养质量、增强教学科研能力打下坚实的基础。高校对人才引进机制的创新严格遵循了以下几点原则：

第一，将工作重点放在加强学科建设以及提升师资力量上，并以此作为首要原则。根据教育部下发的重点学科改革发展政策的需要，通过引进高素质、高层次以及高水平的人才资源，形成了一支整体素质高、科研能力强的教职工队伍。

第二，突出工作重点，从整体上把握全局。高校在进行学科建设的过程中，不仅要注重保障基础学科的优势，而且还应当突出加强对应学科的扶持力度。学校在进行师资队伍的建设过程中，不仅应当注重引进高素质人才，还应当重视校内中青年教师的培养。

在对引进人才的机制进行创新的同时，也应该对引进人才的方式进行创新。

第一，科学合理设岗，引进人才强调针对性。高校根据战略发展方向、发展目标以及人才队伍培养方案，有针对性地制定出一套切实可行的师资队伍建设方案，然后在根据本校内部对人才资源的实际需求情况来有针对性地制定出人才引进计划，突出强调针对性。

第二，加强智力引进。学校通过与海外的专业人员的交流沟通，引进其学术及技术方面的研究成果，以弥补学校在教育教学、科研创新方面的不足。

第三，把创新机制与现有机制相融合。高校把现行的人才培养机制与人才引进创新机制相融合，把学校内部现有的人才队伍与从校外引进的高层次人才相互结合起来。实际上，从校外引进高层次人才的重要目的之一就是要通过引进人才来促进本校内部现有的人才队伍建设工作的顺利完成。在学校内部实行师傅带徒弟的方式，以老带新锻炼成长，在外部实行定岗实习锻炼成长。

另外，兼职教师是高等教育资源的新生力量，兼职教师大多是企业、社会的技术专家和能工巧匠，高尚的职业道德和优秀的职业特质，使他们成为高等教育的优势力量。高校应重视兼职教师的引进，并对兼职教师引进制度和管理模式进行相应创新，具体如下：

第一，制度创新，建立兼职教师准入制度。高校通过制订相应的兼职教师管理办法，明确兼职教师的任职条件、聘任程序、职责任务、计酬标准、管理规范等，积极聘请校外专业人才或能工巧匠担任校外兼职教师。按专兼职教师 1：1.5 的最优比例建立兼职教师库。

第二，模式创新，实行"一对一"结对模式。高校实行专兼职教师"一对一"结对互帮模式，兼职教师负责专业课程的实习、实训和顶岗教学环节的教学和技能指导，专职教师在教学现场提供课堂的辅助管理，同时也与学生一起在操作技能、操作规范、安全常识、质量控制等方面接受兼职老师的培训和指导；专职教师在教学计划设计、教案设计、课件设计、教学规范、教学技巧等方面对兼职教师进行辅导和协助。通过结对制度的大范围推广，兼职教师的教学水平、专职教师的技能水平都可得到明显提升，专兼职教师间的配合愈加默契，互动更加频繁，使校企间合作和交流的广度和深度都得到有效拓展。

二、高校人力资源管理创新的机遇

（一）知识经济时代的到来

"知识经济"时代既是一个科技发展日新月异和知识、信息呈爆炸式膨胀的时代，又是人们的职业和岗位变动更加频繁的时代，因而以高科技为代表的科技知识及其载体——人才，成为生产中最重要的资源。如何适应新时代的要求，发现、培养及合理使用人才，给新时代的人力资源管理尤其是高校人力资源管理提出了新的问题。

现代高校肩负着培养专业人才、发展知识、服务社会三大职能。大学作为"人类社会的动力站"，在文明不断延伸的历程中，担当了不可替代的角色，始终与国家的兴盛同步前行。

现阶段，一个国家的高等教育，已经不可能完全孤立地发展，必须融入世界经济和社会发展的大环境中去。而这就需要更新办学理念，更多地了解和吸收、借鉴国外大学较成熟的管理经验。高校人力资源的管理必须遵循这一原则，必须认识到：一所高校必须培养、吸引和用好人才。人才的素质以及他们所发挥的作用，决定着一所高校、一个单位，甚至一个国家的兴衰存亡。从这个意义上说，高校人力资源管理机制的创新有着重要的现实意义和深远的历史意义。

高校人力资源管理体系的完善，最终必须建立一套完善的机制，变人事管理为人力资源管理，以机制的创新推动改革的进程，这是 21 世纪高校人力资源管理机制改革的新趋势。

（二）以教师队伍为重点

高质量的师资队伍对于办好一所大学是非常重要的，如何建设一流的师资队伍，关键是要把吸引和培养拔尖人才放在建设师资队伍的首位，吸引和培养并重。

在实际工作中，建立良好的工作氛围，提供一流的教学、研究设施，为教师确定合理的工作量，使教师有更充分的自主和更多的时间从事科研工作，这都是非常重要的。

在造就千百万社会主义现代化建设人才的伟大事业中，教师肩负着特殊的历史使命。教师整体水平的高低对于办好一所大学是非常重要的。因此，加强高校教师人力资源管理是高校自身健康发展的客观需要，对此应给予高度重视。

第二章 高校人力资源管理特点与目标

在对高校人力资源管理特点与目标的全面剖析和充分理解后，将现代人力资源管理中"以人为本"的理念灌输到高校人力资源管理之中，可以丰富高校人力资源管理理论。另外，对高校人力资源管理的特点与目标进行深入研究后，寻找人力资源的最优配置方案，将人力资源效率提到最大化，可以有效推动高校健康发展。本章分为高校人力资源管理的特点、高校人力资源管理的目标两部分。

第一节 高校人力资源管理的特点

一、人力资源的特点

人力资源因为属于特殊的资源，与其他物质资源相比，具有其他资源不具备的一些特征，具体阐述如下：

（一）时间性

人力资源是时刻处在动态变化当中的，其会跟随时间发展而发生能力和资源价值的变化，因为人的知识、经验，技能，工作态度等都在时刻发生变化，所以人力资源的管理具有鲜明的时间性特征，无法通过一劳永逸的管理政策而起到长期的效果。

（二）能动性

人具有主观能动性，所以人力资源跟其他资源相比较大不同就是人力资源的能动性。如果人对自己的能力具有良好的认知，并且拥有积极的工作态度，就能够有效提升工作效率和产出。反之，如果人的自我效能感较低，工作态度消极，即便拥有同等的知识水平和经验技能，在工作效率和产出上也会因为人的主观影响而具有差异。

（三）资本性

对组织而言，进行人力资源管理要投入资金和管理资源，同时相应组织所拥有的人力资源团队能够为本组织创造出相应的价值回报，所以人力资源具有显著的资本性，可以通过投资而增加人力资源的资本量，让组织拥有更多更优质的人力资源总量和资本转化优势。

（四）两重性

人力资源不同于其他任何一种资源，它是存在于人类身体之中的生活资源，它是属于我们人类自身所有。人类自身产生了这一资源，同时又依赖使用这一资源进行谋生。一般来讲，人力资源一方面服务于组织的制造、生产，另一方面，又通过组织提供的物质和精神支持生存发展，所以其既是自身的劳动生产主体，同时也是消费者。人力资源中往往包含了丰富的知识和内容，使其在市场上具有很强的发展潜力，以及自然资源等其他资源不能比拟的更高价值。

（五）时效性

人力资源与普通的自然资源不同，例如矿产资源一般都可以长期贮藏，即使不开采或者不使用，品质也不会大大降低。而人力资源则不然，储而不用，就展示不出其才能。因为工作的性质不同，人的才华所能充分发挥出来的最好时期也不尽相同。一般来说，对于高素质的科技型专业人才 25 岁至 45 岁是其生涯的黄金年龄段，35 岁为其高峰。对于时效性这一特征的要求，人力资源在组织的开发和利用的过程中需要准确把握好岗位的职业需要，通过强有力的激励手段实现人力资源的最大化利用。

（六）社会性

对于人力资源管理而言，因为处于特定的一个社会与特定时代中，不同的社会形态、不同的社会文化背景也会直接或间接地作用于一个时代的人的各种核心价值观、行动表达方式和各种思维表达手段。因此在实际工作中，一定是要特别注意与当前所处的社会主义市场经济和政治社会发展条件、国家方针政策、制度、法律法规相协调适应，以避免出现因为"水土不服"而影响资源高质量开发利用的情况。

（七）连续性

人力资源管理开发的长期性和连续性（可持续）就是指，人力资源将会伴随着一个人的成长，并且它们是可以在这期间被不断地开发的。人力资源管理的具体开展过程就是包含了对人力资源进行连续利用的全部过程，包括了通过培训、学习和经验积累连续再生的强大过程。

（八）再生性

人力资源属于一种可再生资源，产生这些资源的个体劳动力可以实现消耗和恢复，个体的学习和积累不断地实现"消耗—生产—再消耗—再生产"的过程，这一个综合利用过程充分体现了人力资源的再生性。同时由于人力资源的利用和再生性也会受到自身及外界两个方面因素的影响，除了受自身的生物学规律及自我认知的影响外，还会直接受到人类社会发展、人类文明活动、新兴科学技术革命、自然环境变化等外界因素的制约。

二、高校人力资源的特点

高校人力资源作为一般人力资源中一个特殊的部分，除了拥有人力资源所具有的基本特征（生物性、能动性、再生性、流动性、智力性、价值性和社会性）之外，还具有以下专有特征：

（一）特殊性

高校教师本身具有其特殊性，主要是体现在作为脑力劳动者，不仅仅是需要积累储备知识，更要在快速更新知识的同时传授到新一代的人才中，也可以理解为一种文化的传承者。另外就是高校教师职业具有特殊性，拥有较为自由的工作时间，不能够使其劳动价值与企业人力资源的固定工作时长相衡量。

（二）高价值性

高校教学科研人员不仅仅是教书育人，宣扬科学作风，也要在科学研究中发表科研成果，因为这样可以直接或间接地产生经济与文化效益，对于社会和国家来说是一种先进的生产力。

（三）不可替代性

高校教师具有稀缺性和不可替代性，不同于其他的劳动力，培养高校教师需要投入更多的时间、资源，而且知识的累计是一个循序渐进的过程，并不是一个快速结果，所以不能通过快速培训替代教师教书育人的工作。

高校人力资源结构的优化与管理同样需要遵循现"以人为本"的现代人力资源理念，尊重并重视个体差异，做好人力资源配置、调控、培养开发等各环节工作，做到全面提高教师的主观能动性、积极性和创造性，强调结构的完整性与协调性，从而实现人力资源的效率最大化，推动人力资源队伍建设。

三、高校人力资源管理的主要特点

（一）劳动价值在实现上周期性较长

在高校中，由于人力资源的总体素质较高，主体的独立性以及自我意识较为明显，在时间安排上自主性也较强、这就使得高校中人力资源的劳动价值很难利用常规人力资源管理中出勤或者成效等进行评价。再加上高校由于教学存在周期性，这就使得教师的劳动价值无法在短期内被发现，至少需要一个学年或者半个学年才能体现出其劳动价值，这就导致高校中人力资源的劳动价值实现周期较长。

（二）个人需求呈现多元化

在高校中，人力资源的主体受教育程度普遍较高，因此在对待事物的认知上也存在多元化。相较于普通群体，高校中的科研人员以及教师等除了注重物质生活和精神活动的追求之外，在个人需求上较为注重实现自我价值以及精神激励。

（三）流动性较强

高校中的教职工由于受教育程度较高，在岗位选择上可选性也较多，因此流动性较强。从某种程度上来说，人才的价值有时可从人才流动中得以凸显，而人才也可以利用流动来实现自身利益的最大化。再加上受到市场经济体制的影响，高校中科研人员以及教师等对自身实际利益关注度不断提升，这也是导致高校中人才流动性较强的原因之一。

第二节 高校人力资源管理的目标

一、人力资源管理的目标

（一）概念界定

人力资源管理的目标就是指一个组织通过人力资源管理能够实现的责任和所需要实现的有关效益。具体说来，人力资源管理不但需要充分考虑到组织目标的实现，还要保证组织稳步健康发展，实现社会效益和利润的最大化，同时又要保证员工实现个人发展，个人价值得到一定提升。人力资源管理的目标是强调最终实现所在组织和个人的共同发展。

人力资源管理的目标包含了全体经营管理者在进行人力资源管理时的目标和任务以及专门从事人力资源工作的部门。这里所描述的二者之间含义可能还是不同的，属于全体经营管理者需要完成的针对人力资源经营和管理工作的目标和任务往往都是从企业和组织顶层设计的角度来进行考虑，对具体的组织和人力资源经营工作具有重要的指导意义，同时往往也被认为是各个专业人力资源单位和部门都需要完成的。而隶属于各个专业的人力资源单位的工作目标和任务通常都是指具体的人力资源工作计划，但并非一定要完成对于全体经营者的人力资源管理工作的目标和任务。

关于人力资源管理工作的基本目标和任务，人力资源学界的专家钟克峰先生认为无论是专门的人力资源管理机构或者是其他的非人力资源管理机构或者部门，都可以总结为以下三个方面：

第一，保证组织对人力资源的需求得到最大限度的满足。

第二，以尽可能多的方式来开发和合理管理一个组织内外部的人力资源，促进其可持续性发展。

第三，维持和激励组织内部的人力资源，使其所具备的潜能在实践中得以最大程度的释放和利用，使其所拥有的人力资本可以得到相对应的提高和扩充。

（二）重要辅助工具

我们应注重每一个人力资源管理实践与发展战略的关系研究。管理者通常运用几种工具帮助他们将组织战略目标分解为具体的人力资源管理政策和实践。其中三种重要的工具分别是战略地图、平衡计分卡和数字仪表盘。由于这三类辅助工具更多地应用于企业，因此，这里主要以企业为主体进行具体说明。

1. 战略地图

战略地图是以平衡计分卡为基础衍变而来的，以几个维度为基础，通过分析财务、客户、内部运营、学习与成长维度彼此之间的现有关系和内在联系，复刻出的战略因果关系图，也就是平时所说的战略地图。与平衡计分卡相比不同之处是，战略地图首要的用处是通过绘制地图利用互相之间关联的目标元素来描述战略并使战略更为具象化地被表现出来。战略地图的每个维度都能够被细化分解为某些相互关联的要素，战略地图是可以形成闭环的战略管理工具，每个层面的因素都相互作用，相互促进。

（1）财务层面

财务层面的最终效果就是企业的终极经营意图。战略主题含有的两个平衡内容：一是近期的战略，为保证增加产品的生产效率与长远的角度，旨在提升销售额；二是以及提升产品生产效率与保证企业增收二者之间的关系问题。

（2）客户层面

客户层面是基于更有竞争力的企业或组织通过产品或服务能够提供给顾客的价值，即差异化。

（3）内部层面

为实现企业或组织通过产品或服务能够提供给顾客的价值，需要找到实现价值的内部流程活动。主要包括企业的经营方式，战略地图中将内部流程分为经营管理、顾客管理、革新和社会流程。

（4）学习与增长层面

这个层面其实是整个公司战略得以施行的核心，代表的是战略在学习与成长方面的准备程度，这种准备程度是一种企业的无形资产，即在明确产品改进和保证服务差异化的背景下，剖析人力资源、信息、组织资本等种种无形资产与内部流程层面的整合。

（5）战略地图绘制步骤

第一步，要确定股东价值的实际与预期之间的差距，由此来确定战略管理的总体目标。即确定在一定时期内股东的期望销售收入值与目前销售收入之间的差距，这个差距就是企业所要弥补的，即要达成的总体目标。

第二步，为了实现上一步骤目标，需要分析目前企业已拥有客户的购买力，确定是否需要开发新产品、是否需要挖掘新客户以及是否需要增强生产能力。

第三步，需要确定第一步骤中股东价值差距的提升价值时间表，也可以理解为确定企业长期战略目标的时间表，即实施预算的过程中，某一年需要提升到某个目标值，据此确定提升时间表。

第四步，需要从内部流程下手，先确定企业战略的主题，然后寻找企业未来的主要业务以及作业的关键程序，确定企业在短中长期分别需要做哪些，包括经营管理、顾客管理、革新和社会流程等各方面。

第五步，需要确定企业能否满足上一步骤中核心流程的能力，如果不能满足上一步骤中的核心流程，企业就需要从人力资源、信息和组织的资本三个方面加强企业的无形资产储备。

第六步，需要根据以上步骤结果制定预算方案。

2. 平衡计分卡

平衡计分卡（BSC）这一概念最早是由哈佛商学院卡普兰（Rober S. Kaplan）教授和复兴方案公司总裁诺顿（David P. Norton）于1992年在《哈佛商业评论》发表的《平衡计分卡：驱动业绩的评价指标体系》一文中提出的。文中指出，平衡计分卡是对企业业绩评价实践的提炼和升华，该方法一诞生便掀起了一股研究和应用的热潮。随后两人又发表了多篇文章，详细介绍了多家企业实施平衡计分卡的成功经验并引入了四个新的管理程序，从而帮助公司把长期目标和短期行动联系起来。这一理论的提出，使平衡计分卡由单纯的评价指标体系上升为系统的战略管理理论，并被《哈佛商业评论》誉为过去80年来最具影响力的十大管理思想之一。

平衡计分卡最早于1993年引入国内，并于1996年在国内成功实施了第一个平衡计分卡项目，此后国内大部分专家和学者就开始了在借鉴西方平衡计分卡四个基本维度的基础上，对其理论、战略流程、指标设计等进行深化和探索。同时，结合中国企业的实际需求，本土化平衡计分卡的内容，逐渐将平衡计分卡在国内的运用上升到企业战略层面。

（1）平衡计分卡的基本思想

平衡计分卡的核心思想是从使命、价值观、远景与战略目标出发，全面系统地将组织愿景变为可实践操作、可量化的财务、客户、内部流程、学习与成长四个维度指标，通过各维度间的相互驱动实现企业业绩考核、业绩改进、战略管理的目标。它的平衡思想强调组织应注意财务指标与非财务指标、内部因素（内部流程与学习成长）与外部因素（客户）、驱动指标（内部流程与学习成长）与滞后指标（客户和财务指标）的平衡，使得组织注重短期的经营业绩和绩效水平的同时，又注重培养未来核心竞争力，避免了传统单纯依靠关键指标（特别是财务指标）进行考核评估的缺陷。

（2）平衡计分卡的构成要素

平衡计分卡作为人力资源绩效管理的一种有效工具，包括财务、客户、学习与成长以及内部运营这四个层面，理清四个层面之间的相互作用关系，将会有助于企业愿景以及战略目标的实现。

第一，财务层面计分卡。从平衡计分卡的构成要素来看，企业的目标是实现营收的增加，追求最大化的利润以满足为此投资的各股东需求，而有效的财务管理方式将有助于企业目标的实现，同时满足股东追求利益最大化的目标。

一个企业的存在和运营，是以获取效益为长期发展的基石和目标的，经济衡量理念和管理活动的效益产出是企业经营的出发点，而企业中的每一个人为企业创造效益的过程，实质上就是根据经营规划，采取有效措施，积极调动和协调组织的每一位成员，科学利用物力和财力的管理活动过程，这一过程就是企业人力资源管理的过程。企业创造效益的每一个环节都是由"人"来完成的，而人力资源管理的实质正是围绕着以"人"为核心，充分开发和调动人的主观能动性，科学地利用财力、物力，为企业创造更大的效益，可以说，人力资源管理的核心本质就是创造效益。从这个角度上来说，将企业财务层面的因素纳入企业人力资源战略目标中是合理正确的选择，具体财务层面的因素包括：企业资产负债率、企业营业收入情况、生产经营的成本利润、资产负债率以及投资回报率等财务数据，针对不同的企业制定合理的战略规划，从财务层面进行因素分解，有助于企业及时地了解到自身的财务状况，阶段性的结合战略目标的实施采取相应的方法，扩大企业的市场份额，提升企业盈利能力，在此阶段组织的财务状况相对稳定，同样也是激发职员潜能的重要时期。

第二，客户层面计分卡。在运用平衡计分卡开展人力资源绩效管理的过程中，将会在客户层面建立相关联系：企业为客户提供产品和服务，客户将回馈企业所对应的价值，所以从企业的发展战略来看需要与客户建立良好的关系，达成共赢的牢固利益关系。

客户是企业营收的主要来源渠道，将会直接决定着该企业的生存和发展。所以及时地和客户沟通交流满足客户的心理期望才能够留住客户购买企业的产品或提供的服务。从平衡计分卡的绩效管理方式来看客户层面的细分应该包括：建立通畅的交流机制、搭建与客户的协调沟通服务、应对市场变化的措施等具体内容，这也是实现企业绩效管理助力企业战略目标实施的重要因素。

企业的核心是客户，员工同样也是客户。站在企业人力资源部的视角，客户包括公司各职能部门和全体员工。员工的活力与效率提高，根本上是来自于企业怎么看待员工。企业如何给员工提供支持，如何做好资源配置，令他们能更好地施展才能，把员工的目标和组织的战略目标捆绑在一起，实现共同发展。

第三，学习成长层面计分卡。学习和成长是平衡计分卡对内部员工进行管理培训的主要方式，不仅能够加强职员的业务水平能力，更能够充分的激发员工的主观能动性，调动员工参与社会化劳动的积极性，提高个人整体素质。从企业长远发展的趋势来看，学习和成长还能够为企业源源不断的注入新鲜的活力，职员接受学习和培训后整体面貌会焕然一新，无论是创新能力还是工作的创造能力都会提升一个较大的层次，为企业的日常经营活动保驾护航，提升企业在行业间的市场竞争力。

第四，内部运营计分卡。内部运营的主要工作是负责协调，具体包括协调企业和客户之间的协同，企业与职员之间的矛盾以及企业管理层与股东之间的利益分歧。立足于企业的实际情况，不断深入分析组织在生产经营过程中内部运营中所存在的优势与不足，这个过程往往是动态调整变化的，不容易把握和深入的分析。借助平衡计分卡这一研究方法，能够从企业的实际出发，在明确企业内部运营过程的主要影响因素后，以评价及专家打分的形式对影响因素进行权重分配，并结合企业经营过程中的资源分配情况做出调整。此外，平衡计分卡还能从企业服务、学习及培训等方面对原有的绩效考核模式进行创新，这不仅改变了传统的绩效管理模式，同时还提高了企业内部运营过程中的效率。

（3）引入平衡计分卡的重要作用

战略的执行对于公司来说比战略的本质更重要，管理者必须把握执行战略的方法，把公司的管理重点聚焦于战略，将公司的业务单元、服务部门、团队和个人整合起来，与公司的战略保持协同和联系，发挥协同效应，才能更好地应对竞争和挑战。

第一，平衡计分卡有助于公司战略的执行。战略的制定和执行必须成为一个持续的、共同参与的过程，公司需要一个共同的语言来沟通战略、流程和系统，从而帮助各中心和员工有效地执行战略，并且获得战略对自己工作行为的反馈。在信息时代，特别是身处互联网行业，企业的核心竞争力来自以知识为基础的无形资产，组织培养和激励无形资产的能力成为企业成功的关键。公司必须重视无形资产创造的价值，比如员工的知识、实力和技能，数据库，信息技术；企业内部的运作流程；企业研发部门的创新能力等。

公司战略的本质是选择一些有别于竞争对手的运作方式，从而形成企业独一无二的竞争力。而平衡计分卡就是将公司的战略描述为一列清晰的、互相联系的因果关系。实施战略的关键就是使公司的每一个成员都能够清晰理解这些深层次的、根本性的规划，使资源与其能够协同，不断地完成这些规划并且实时对进度进行动态调整。用平衡计分卡来衡量企业的绩效，打造战略中心型组织；它为公司提供了一个新的框架，帮助组织以连续统一的方式来描述和沟通战略。平衡计分卡可以将公司的战略规划视作一个有机结合的整体，通过对它四个层面的指标进行战略的传递，使公司在绩效考核中完成了战略的沟通和执行。

第二，平衡计分卡有助于完善绩效考核指标体系。相比于原有的绩效考核方法，平衡计分卡能够更加全面的概括公司所要考核的内容。平衡计分卡不但关注财务指标，还关注与战略达成相关的非财务指标，并且描述了无形资产是如何为公司创造财富。它是从财务、客户、内部流程、学习和成长四个层面完整地对企业战略要求进行全面的分解，以此为依据形成了适合组织发展的绩效考核指标体系，全面地反映了公司全体员工的各项工作任务，促进公司的所有员工一起向同一个战略目标而努力。

第三，平衡计分卡有助于提升员工的能力。基于互联网的行业背景，公司必须提高员工的工作能力和工作效率才能应对不断变化的机遇和挑战。平衡计分卡有助于明确公司的培训方向，从而提高员工的工作能力。在当今知识经济时代，公司持续的价值来源于无形资产，特别是员工的知识和技能。学习与成长层面是其他三个层面的有力支撑。平衡计分卡理论看重的是企业对未来的投资，如果企业希望达到长期的财务目标增长，就必须对企业的支撑层面也就是学习和成长层面进行投资，其中员工能力起到了主导作用。在信息时代，员工的思维和创造力成为改进企业绩效的主要力量，提高员工的能力，从而提高了员工的满意度，最终提高企业效益。

3. 数字仪表盘

数字仪表盘可通过状态趋势图、刻度图、饼状图、折线图等多种形式显示，但与单纯的图形显示不同，无论以何种形式显示的数字仪表盘，都具有相同组成部分的内核。正是因为数字仪表盘的内核，才使得数字仪表盘区别与一般的图形化显示技术，而构成一种决策支持体系。

数字仪表盘的内核包括以下组成部分：

（1）组织层次。组织层次是指标服务的决策者所在层次，如高层、中层、底层等。

（2）功能标识。功能标识是指标所属的业务类型，如成本管理、进度管理等。

（3）时间标识。时间标识是指标的数据所在的时间点，如某年某月某日等。

（4）计划值。计划值是指标计划达到的数值。

（5）实际值。实际值是指标实际达到的数值。

（6）阈值。阈值是划分指标状态的分界值，如正常状态和良好状态的分界值等。

二、高校人力资源管理的主要目标

对高校人力资源管理的目标进行划分，具体阐述如下：

（一）操作层目标

高校的人力资源主要以从事教学、科研的教师为主体，教师所从事的是高智力的脑力劳动，其工作方式和工作时间等也与其他组织的一般员工有较大区别，具有更强的自主性。只有通过科学、专业的人力资源管理方法，才能合理挖掘教师的潜力。

同时，由于高校人力资源的成分较为复杂，不仅有从事教学、科研的教师，同时还有负责行政管理和后勤服务的工作人员，员工的知识文化水平差异性较大。只有灵活的人力资源管理方式，才能发挥每一个员工的作用，使其在自己的工作岗位上创造价值。因而，高校人力资源管理的操作层目标主要是合理开发高校每一个教职员工的潜能，实现他们的价值，最终实现学校的组织目标。

（二）直接目标

高校民办非企业单位也可以是高校。并不以盈利为直接目标，但随着高校法定办学自主权的贯彻实施，经济效益已经成为高校越来越关注的问题。人才是高校最赖以生存的资源，如何降低人力资源的投入成本，发挥人力资源的最大价值，实现高校管理效益的最大化，成了高校人力资源管理的直接目标。

（三）最终目标

　　加强对高校核心竞争力的重视程度。高校最大的竞争资本就是教师，科学的人力资源管理不仅能够满足教师的物质需求，同时能够实现教师的精神追求，从而激发教师的工作积极性、进取心，创造性地完成自己的工作。高校办学的根本目的是为社会培养专业人才，共同为经济社会的发展做出贡献。随着高校教师综合素质的提高，所培育的学生的素质也会相应提高。因而，高校人力资源管理的最终目标就是提高教师和学生的综合素质。

第三章　高校人力资源管理现状

本章分为高校人力资源管理的环境、高校人力资源管理取得的成绩、高校人力资源管理存在的问题三部分。

第一节　高校人力资源管理的环境

一、高校人力资源管理环境的内涵

高校人力资源管理环境是一个非常广泛的概念，不仅仅是指高校的校园环境（教学环境、生活环境、学习环境），还包括高校的外部环境，即社会环境，社会的政治、经济、文化、科技的现状、变化和进步。外部环境通过引起高校校园环境的改变而清晰地发生作用，我们也可以称之为高校的间接环境。高校的校园环境是高校环境的重要组成部分，是高校教育活动赖以生存和发展的社会条件和自然条件，它包括硬件环境和软件环境。高校的硬环境是指提供给教职工进行教学科研的现代化设备条件以及清新怡人的校园物质环境。高校的软环境由以下两大部分构成：

第一，工作氛围。这是指通过科学合理的组织形态（例如高校管理体制和运行机制）及人际间的沟通理解，创造出互相尊敬、协调一致、和谐融洽的组织氛围，使组织成员缓解压力、增强合作、催人奋进，从而激励教职工发挥最大的积极性、主动性和创造性。高校具有激励作用的工作氛围主要有：既有明确职能又有协调配合的氛围，尽量满足教职工需求尤其是较高层次需求的氛围，对人的工作寄予期望且能给予恰当支持的氛围等。

第二，是校园文化。校园文化是高校长期培育积淀形成的一种体现本校特点的大学理念、大学精神，是校园内群体特有的价值观、教育理念、行为规范及运行规则等的总和。长期形成的校园文化能强烈地激励教职工的积极性、主动性和创造性。

二、高校人力资源管理外部环境

高校作为整个社会系统的一个组成部分，自其诞生之日起，就受到社会环境的影响，并被一定的社会环境所塑造。高校人力资源管理受社会环境的影响主要表现在以下几个方面：

（一）社会环境

1. 高校的性质与目标特征

大学的使命——教学、科研、服务社会——决定了大学作为一个非营利性机构，其办学来源于政府拨款、学费、社会捐赠及其他收入，其中政府拨款是大学最主要的来源。

另外，高校作为一个社会组织，其组织目标比较模糊，不像企业那样目标清晰，大学的组织目标很难具体化或量化，从而使高校的责任不明确，也落实不到具体的个人。政府作为高校的投资者，为保证其利益的实现，在遵守教育规律的前提下，会对高校人力资源进行直接或间接的配置。

2. 高校教师的工作特点

（1）社会声望高

高校教师职业在我国的社会认可度高。这与我国自古以来推崇的尊师重教的儒家文化密不可分，同时也是高校教师社会价值的体现。高校教师的工作职责是教学、科研和社会服务。在教学方面，高校教师传授给大学生专业知识和技能，提高他们的专业素养和综合能力，同时言传身教、潜移默化地影响学生的价值观和思维方式等，培养出社会需要的高水平、高素质专业性人才。在科研方面，高校教师的学术成果促进了国家的繁荣和发展，推动了人类文明和进步。在社会服务方面，高校教师运用专业所长为学校和社会服务。

（2）准入门槛高

随着知识经济的到来，由于高校教师承担着培养知识型人才、创造知识和用知识服务社会等重要任务，他们在社会中的作用和价值越来越受到认可。越来越多的优秀人才选择高校教师这一职业，近些年出现了一个高校教师职位，有数十个候选者竞争的情形。高校对新入职教师的要求也越来越高，他们不仅要有较高学历和非常好的综合素质，而且需要在科研方面也有很突出的表现，如参与过重要的科学研究项目，在有影响力的期刊上发表过论文。

（3）工作任务多头、繁重

高校教师的工作任务包括人才培养、知识创新和社会服务三个方面。随着高校的扩招、高等教育的大众化，高校教师教学任务越加繁重，大部分教师还要对本科生、研究生等不同层次学生的毕业论文、毕业设计等进行辅导。同时，各大高校对教师的科研要求也越来越高。科研成果的取得往往需要艰辛、漫长的努力过程。同时，高校教师在完成科研、教学工作的基础上还要承担一定的社会服务工作，校内服务主要包括学科建设、社团指导、学生辅导、班主任辅导等，校外服务主要包括在学术机构担任职务，为社会组织提供咨询、培训或技术服务等。这些工作同样需要花费高校教师大量的精力和心血。

（4）工作压力大

由于国内外高等教育竞争的加剧，各大高校有强烈的生存危机感和发展压力，纷纷提出很有挑战性的发展战略目标，相应地高校教师承受了很大的工作业绩压力。高校教师的工作压力主要有科研压力、工作负荷和自身发展三个方面。其中，科研压力是高校教师面临的主要压力。他们的科研工作包括申请到一定级别的科研项目、通过一系列评价、研究成果公开发表到一定级别的专业期刊上。工作负荷方面表现为教学工作量大、工作时间长、工作繁重、工作要求高、非教学性事务多等。自身发展方面表现为需要不断学习以提升自己的教学和科研能力，职称评定的门槛越来越高。

（5）工作相对稳定

高校教师入职前投入的劳动力成本是相当可观的，同时高校教师职业的专业性强，高校教师职位准入和退出门槛都高。但是高校教师的工作任务重，经济回报并不十分丰厚，大多数高校教师选择这份职业，是出于对高校教师职业本身的承诺，他们一般轻易不会改变职业轨迹，会一直从事这份职业直到退休。同时，由于教学和科研工作需要工作者潜心钻研，高校不管是以往的终身聘任制度，还是后来引入的"长聘教职制度"都给予高校教师较稳定的职业保障。

（二）经济环境

随着我国社会主义市场经济体制改革的深化，以及大学从社会的边缘走向社会的中心，高校本身已经不是一个单纯从事教学活动的场所，而是为社会提供多样化服务的场所。高校要投入更多的人力资源服务社会，面向市场，通过市场这种隐性的机制配置高校人力资源。在高校内部也需要发挥市场调节资源配置的作用，对高校的人力资源进行配置。尽管高等教育不能市场化，但是高等教育可以引入市场机制。值得警惕的是，市场在高校人力资源配置方面有好的一面也有不好的一面。

1.人事制度上的市场机制

随着近几年高校招生数量的迅速增加以及教育规模的不断扩大，高等教育政策也进一步朝着市场主导的方向发展。如在高校内部人事管理上，高校已经打破了计划经济体制下的"大锅饭"制度，运用岗位津贴等手段调整教师收入，设置高薪岗位争取优秀人才，通过报酬影响高校人力资源配置。近几年，有的高校在引进优秀人才方面提出了打破人才单位所有制的观念，改变以前人才对单位的人身依附关系。一些高校在人才引进上采取"不求所有，但求所用"的政策，通过柔性引进优秀人才，充分利用了高等教育系统内部的人力资源，充分挖掘高教系统内的潜力，走内涵式的发展道路，优化高校内的人力资源配置。

2.高校资源配置上的市场机制

社会主义市场经济要求高校改变传统的大学观念，更加贴近社会、贴近市场。一方面大学生走出象牙塔，紧密联系社会；另一方面社会要求高校提供的教育服务和科研产品要更加符合社会需求。在高校专业设置方面，许多高校都开设了与市场联系紧密的专业和就业率高的紧俏专业，扩大了招生规模，相应地加大了人力资源的投入与配置。而一些就业率不高的专业相应地缩小了招生规模，减少了人力资源的投入与配置。在市场经济条件下，学生的需求更加多样化，市场也要求高校的毕业生知识广泛，这就对高校教师提出了更高的要求。高校教师需要开设更多的课程，提供多样化的服务，以满足学生的需求。在科研方面，高校则加大了对市场所需要的科研技术以及产品开发的投入。

三、高校人力资源管理校园环境

（一）文化环境

1.高校校园文化环境概述

要想深入的理解高校校园文化环境，还需要先了解校园文化的内涵。虽然目前有很多学者对高校校园文化进行了研究，但是不同的学者对其内涵的界定存在着差异。部分学者指出，高校校园文化是在高校内部形成的与文化娱乐相关的各种活动，其表现的形式有多种，比如社团活动，体育活动，娱乐活动等。部分学者从大学生的角度来界定校园文化指出，校园文化是由大学生在日常学习生活过程中所创造的文化类型，是意识形态方面的表现。综合不同学者对校园文化的内涵界定，可大致认为高校校园文化是在高校范围内，在高校师生长期教学、互动、交往过程中，所形成的物质和精神财富。校园文化包含多个层面，如物质文化、精神文化、制度文化等。

虽然很多学者也对高校校园文化环境进行了研究，但在其内涵上还没有统一。有不少的学者在对高校校园文化环境进行界定时，基于思想政治教育角度，将之视为精神文化的一种。教育部指出校园文化环境可以视为是学校软环境的组成部分，涵盖了师风、学风、制度、氛围等多个方面。还有学者认为校园文化环境是高校结合其教育发展的需要，而运用科学的方式建设起来的，具有特色化的校园文化意识，他是这所学校精神层面的重要体现，校园文化环境的建设水平，在某种程度上也会对思想政治教育产生决定性的影响。

高校校园文化环境是指在高校特定的范围内，基于构建起来的校园文化，能够对于大学生思想政治教育产生影响的文化要素的集合。高校校园文化环境不仅包括与之相关联的基础设施，而且也包括管理制度、文化氛围，价值观念，行为准则等。高校校园文化环境虽然涵盖了与文化相关的多种要素，但确实在这些文化要素相互融合、相互影响的基础上所产生的，这些文化要素本身又处于动态变化之中，并形成有机的整体。

2. 高校文化建设对高校人力资源管理的作用

人力资源管理的一个重要方面是怎样提高组织的凝聚力。组织的凝聚力强，才能吸引人才和留住人才，才能调动人才的工作积极性。凝聚力包括两个方面，一是组织对个人的吸引力或者个人对组织的向心力，二是组织内部个人与个人之间的吸引力或粘合力。组织的吸引力，不仅与物质条件有关，更与精神条件、文化条件有关。组织的文化是组织凝聚力的根本，缺了它就无法满足成员社交、尊重、自我实现、自我超越等精神需要。高校文化重视人的因素，强调精神文化的力量，希望用一种无形的文化力量形成一种行为准则、价值观念和道德规范，凝聚教师的归属感、积极性和创造性。

（1）高校物质文化的基础作用

高校物质文化具有很强的感染力和向心力。高校物质文化为高校管理提供最直接的环境，它是通过校园结构布局、人文景观、建筑风格、绿化和美化、环境卫生等来表达的。物质文化既显示学校本身的实力，也表现出组织不断进取、追求发展的决心。此外，高校作为一个特殊的社会组织，要求它的文明格调必须高于社会的文明格调，而高品位的环境文化在为高校塑造良好视觉形象的同时，也塑造着高格调的高校文明。一种高品位的学校物质情景蕴藏着颇具价值的教育影响力，这种教育影响是通过一种无形的、潜移默化的方式进行的，通过这种精神理念的环境化、视觉化和物化达到精神理念教化的目的，对学校教师的性格、心灵、思维、情操等产生全方位的作用。当这种文化格调和影响传递到教师后，可以更好地引起他们对学校的认同，让其有一种归属感，从而可以更好地激发他们的热情与积极性，使其在教学和科研上贡献自己最大的能量，为学校的发展做出努力。

（2）高校精神文化的凝聚作用

高校的精神文化是高校的一种文化理想，也是高校发展的精神动力。精神文化能更好地揭示人的本质特征，体现文化的超越性与创造性。它不是外在于物质文化与制度文化的独立物，而是内在于高校的物质文化与制度文化之中，内在于高校的各种活动之中。一种优秀的高校精神文化与高校的管理理念是相通的。共享的价值观能在高校成员之间形成一种凝聚力，从而使高校教师融合到集体之中，产生一种归属感、责任感、优越感。精神文化的凝聚作用还表现在对高校教师的激励与导向上。精神文化能使高校成员的思想与行为统一到高校发展的目标上来，使他们认识到自己高校的特点与优点，明确自己的工作对高校的意义，从而焕发出巨大的工作热情与献身精神。高校的精神文化是一个非常丰富的世界，充满自由和创造、理性和激情，象征着人内在的无限性。美国哈佛大学之所以造就了许多诺贝尔奖得主及美国总统在内的巨擘，很大程度上归功于"以柏拉图（Plato）为友，以亚里士多德（Aristotle）为友，更以真理为友"的哈佛精神。在数学界，有德国格廷根大学的希尔伯特学派；在物理学界，有丹麦的哥本哈根学派，有英国的卡文迪许实验室。它们之所以成为世界一流数学家与物理学家，靠的就是各自的精神特质与浓郁的学风，以此可以看出高校精神文化所能释放的巨大能量。

因此，在高校人力资源管理中，应该加大文化建设的力度，积极营造一种追求真理、追求卓越的学术科研氛围，通过高校文化的塑造，提高教职工的工作积极性，激发他们的潜能与创造力，以促使高校更好的发展。

（二）制度环境

1. 高校制度的含义

学术界关于"制度"的研究由来已久，早在古希腊城邦政治时期，亚里士多德就针对城邦制度进行了研究，直至如今"制度"依然是学术研究的重要领域，由于"制度"的覆盖面广泛，不同学科和不同学者对"制度"的理解和诠释也各有侧重。不同学派和时代的社会科学家们赋予这个词许多可供选择的含义，以至于除了将它笼统地与行为规则联系在一起外，已不可能给出一个普适的定义来。对这些从不同角度出发的概念进行梳理分析，可以逐步明晰"制度"的深层内涵。目前学术界对"制度"的理解主要有以下几种代表性观点：

第一，制度是一种思想习惯和生活方式。《有闲阶级论》中指出"制度实质上就是个人或社会对有关的某些关系或某些作用的一般思想习惯；而生活方式所由构成的是，在某一时期或社会发展的某一阶段通行的制度的综合，因此从心理学方面来说，可以概括地把它说成是一种流行的精神状态或一种流行的生活理论"[①]。制度是"一般思想习惯"和"流行的精神状态"，这一界定是从制度的起源出发的，揭示了"制度"的一部分属性，为后来制度理论的丰富发展奠定了基础。但其定义明显更侧重于非正式制度，思想习惯、精神状态、生活方式确实是制度的起源和雏形，可制度并不仅仅依靠它们而存在，精神信仰、道德规范、社会风俗等都与其息息相关。

第二，制度是集体行动控制个体行动的组织和机构。西方早期制度经济学派代表人物康芒斯（Commons）在其著作《制度经济学》中将制度定义为集体行动控制个体行动，这一概念体现了制度的三大特性：一是，强制性，即集体对个体行动的控制力；二是，约束性，集体行动要求个体行动的服从，即是对个体行动的约束和规范；三是，组织性，集体对个体行动的控制反映出制度是集体有组织有策划有安排的活动。与此同时，进一步指出"这种运行中的机构，有业务规划使得它们运转不停；这种组织，从家庭、公司、工会、同业协会、直到国家本身，我们称为'制度'。"这种定义将集体行动控制个体行动过程中的运行机构——组织都看作制度，虽然组织内部包含着各种工作规范、工作程序等制度性成分，但这些组织更多的是作为制度的实施机构而存在，由此看来，定义是将制度泛化了。但是，这样一种定义对于促进对制度的认识和理解也有一定的积极意义。

第三，制度是一种社会互动系统和模式。英国社会理论家吉登斯（Giddens）认为制度是能在时间上延续、在空间上进行人员配置的一种社会互动系统。他认为制度体系与社会结构之间存在着一种互动关系，将宏观层面与微观层面相结合来认识制度。美国政治学家亨廷顿（Huntington）在《变化社会中的政治秩序》

[①] 李书文. 熵：一种新的创业方法论 [M]. 北京：中国民主法制出版社，2017.

中指出制度是一种具有稳定性、周期性的行为模式。这种观点反映出制度的两大特性，即相对稳定性和规律性，对把握制度的内涵具有一定启发意义。

第四，制度是对行为进行约束的规则或规则体系。德国著名社会学家马克斯·韦伯（Max Weber）在《经济与社会》一书中指出"制度应是任何一定圈子里的行为准则"。美国政治哲学家罗尔斯（Rolls）也曾给出一个"制度"的简明定义，即"一种公开的规范体系"。在我国，大部分学者都是从规则和规则体系的角度来认识和阐释制度的，如，郑杭生认为"社会制度指的是在特定的社会活动领域中围绕着一定目标形成的具有普遍意义的、比较稳定和正式的社会规范体系。"张宇燕认为"制度无非是那些人们自愿或被迫接受的、规范人类选择行为的习惯和规则。"这种观点可能更加符合人们的语言表达习惯，一条单一的规定不成制度，制度是系统的规则或规定，这就给制度赋予了一定的逻辑性、组织性和系统性，而不是规则或规定条文的简单叠加。

不同学者出于各自研究的需要，对制度从不同学科不同角度进行了定义，这些定义大多着重关注制度的某些特性，但学者们普遍承认的一个基本命题是"制度是重要的"，在此基础上去充分了解不同种类的制度的定义，不仅有利于增强对制度的理解与把握，也能为我们提供一些借鉴意义：首先，制度是规则的集合，规则是制度的核心。制度是人类创造的作用于个人以及个人之间关系的某些限制和约束，对人们的行为进行调整和规范，它在对人们进行制约的同时也给人们预留了自由活动的空间。其次，制度可以是正式的法律法规、规章条令等，也可以是非正式的风俗习惯、行为规范等。再次，制度和组织需合理区分，不能混为一谈。制度是对人与人之间、人与社会之间关系和活动进行规范的基本框架，而组织是在这种框架下产生，为达成某一目标或解决某种问题而存在。组织的产生与发展都必然会受到制度这一基本框架的决定性影响，同时，制度框架的演进也会受到组织发展的影响。最后，制度由人类创造，为人类的交往、交换活动服务，它在具有一定稳定性的同时会随着时代的发展和经济社会的进步而进行适当的调整。

高校制度包括各种规章制度、组织结构及各种活动规则等，它带有一定的强制性。一所高校在形成与发展的过程中，离不开一套规章制度来体现对高校成员的思想、态度、行为方式等方面的要求，这对高校各成员会产生一种无形的规范和约束力量。高校制度对高校成员具有规范和约束作用，高校的活动形态包括各种文艺的、体育的、科技的活动，以及各种仪式、典礼等，这些都内在地包含着某种应当遵守的规则。

2. 制度建设对加强高校人力资源开发的意义

通过高校制度建设，加强高校人力资源管理与开发，合理配置高校教师资源，优化教师资源与结构，提高高校教师的教学、科研能力素质，鼓励高校教师积极求变创新，从而为高校教学科研水平的提高、学科建设的深入发展、战略目标的实现起到更积极的作用。

完善的高校制度可以更好地加强人力资源的管理与开发。它可以为教师构建公平、公正的竞争激励机制，调动他们的积极性，充分激发他们的潜能与创造力，促使他们在教学科研、社会服务等方面为国家和高校做出更大的贡献。相反，不健全甚至是不公平的制度不仅不能引导与激励教师，反而会让高校教师产生"逆向选择"，他们不会将自己的主要精力投入在教学科研方面，会采取短期化行为，将精力用于其他社会工作等方面。由于个人的精力有限，从事社会工作与教学科研工作相互冲突，最终的结果是导致资源配置作用失灵，人才得不到充分利用，最终影响到学校的学术环境和整体发展。

此外，随着社会的不断进步以及经济的不断发展，制约高校发展的外部环境和内部环境也会不断发生变化。为此，高校必须根据内外部环境的不断调整而在制度建设等方面做出改进，以更好地发挥制度在加强高校人力资源开发与配置方面的作用。

当然，高校制度作为一种激励约束机制的表现形态，其作用的充分发挥，必须经过一个整体认和内化的过程。只有当高校的制度被高校成员真正认可、接受，形成共享规范时，才能对其行为、态度产生深层的影响。但是在当前特定的环境下，传统的观念、思维以及行为等对制度的规范作用还有着非常深刻的影响。这就要求我们在制度创新过程中，制度所倡导理念、坚持的原则以及指导思想等必须要取得教师的认同，这样才可以更好地发挥制度的导向作用。

总之，高校制度建设就是为了能更好地适应形势不断变化发展的需要，为了能更好地完善与改进现行制度存在的不足，以更好地调动高校教职工的热情，激发他们的创造力，积极引导他们求变创新，从而为社会、为国家、为高校培养更多的高素质人才，创造更大的价值。

第二节 高校人力资源管理取得的成绩

一、推行聘任制度，优化教师队伍

我国的"预聘—长聘制"借鉴了美国的终身教授制度，破解了事业编制"铁饭碗"的弊端，调动了人才的工作积极性，实现了聘期合同与固定合同的有机平衡。"预聘—长聘制"的教师在入职之时并未入编，而需要在首聘期内完成额定任务或晋升专业技术职务，才可入编并转为长聘教师，未完成相关任务或未达到有关条件的予以淘汰。应该看到，在人才招聘、引进过程中，对人才师德表现、团队精神、教研实力、发展潜力往往难以量化评价，这就使得高校人才招聘、引进存在盲区或死角。

在此情况下，通过"预聘—长聘制"的"缓冲期""适应期"，为人才引育、考评腾出时间与空间，能够更加全面、深入考评人才，真正做到优选人才、激活人才、培育人才，从而达到"人职匹配""人岗匹配"的目标，最大程度实现人力资源的优化配置。在此过程中，高校可以根据学科特性、人才特点、建设目标、聘期任务等实际情况，灵活配置、个性化约定预聘期限，争取解决岗位总量不足、岗位管理滞后、淘汰机制缺乏等问题，以便科学化、长效化评价与激励人才。

除此之外，"预聘—长聘制"还要建立与时俱进、相互匹配的考核评价与薪酬激励体系，在破"五唯"背景下改变以往简单按论文或课题进行奖励的计算方式，乃至按照聘期任务给予副高职称待遇或年薪制，促使人才全身心投入到教学科研、社会服务工作之中。需要注意的是，"预聘—长聘制"要以充足备选人员为基础，只有优秀人才充裕方有筛选的可能性与现实性。因此"预聘—长聘制"往往适用于"双一流"建设高校或传统优势学科，对于应用型本科高校、高职院校而言暂时缺乏可选性。

二、推行激励机制，提升教职工积极性

在经济学中激励是指一部分经济主体通过采取一些措施激发另一部分经济主体的动力，使其产生某些行为。在实际生活中，激励是指调动人的积极性。激励的范围比较广，包括的内容非常多，同样激励的方法也比较多。激励机制是激

励内容中的一部分，一个良好的激励需要依靠激励机制来实现。激励机制一般是指激励主体依据有关法律法规和特定价值目标和期望文化环境等因素，对客体采取多种激励手段激发其行为，使其与之相互作用。在经济学中，激励机制最终目的是实现更高的经济效率，通过减少因信息分散化所带来的效率损失，制定规则设计约束人的行为使组织中的个人制定向共同目标努力的计划。激励机制一般都包含了制定方案和措施的激励主体，具体实施的激励手段，受到激励的客体以及要达到的激励目标等多个方面的内容。

在高校人力资源管理工作中运用激励机制事实上就是运用各种类型的激励手段，从而对高校教职工进行精神、心理上的激励，借助物质、精神文化等所带来的精神与心理满足感逐渐地促使教职工群体能够在日常工作中不断地提升自我积极性与工作热情，共同为高校人才培养工作服务，从整体上促进高校教学育人质量的有效提升。

为了确保激励机制能够在高校人力资源管理工作中的有序推行，人力资源管理人员应当结合高校实际发展情况制定科学合理的量化考核指标。在激励机制中，高校用人需要秉承"德才兼备"这一基本原则，既要强调用"才人"，更需要兼顾"德人"培育，如若一味地对才高德寡的员工进行奖励，就会造成错误激励影响，更有可能形成不良风气，不利于高校的和谐稳定长久发展。

制定量化指标是考核教职工日常工作质量的重要手段，在激励机制的促进作用下，量化考评管理工作也能够得到相应的发展提升。在高校育人环境中，教师群体自身的教学质量、能力素质对学生的身心发展都会产生十分深远的影响，如若教师自身经常无故缺课或不按照教学大纲开展课程教学、未能充分完成育人目标等，都会阻碍学生个人能力与综合素质的发展。此时高校人力资源管理工作中利用激励机制，则能够有效消除教学管理中的漏洞，从而在提升教职工工作积极性的同时深化量化考评标准。

三、加快后勤改革，提高办学效益

（一）服务水平显著提高

高校后勤改革中师生需求的多样化激发了服务实体的积极性和创造力，驱动服务实体的日益成熟和智慧化，形成科学的竞争态势。市场机制的作用逐步主导了高校的服务保障，校内外实体在公开、公平、公正的大环境下靠自身实力和服务品质打开工作局面。各实体主动思考采取措施，解放生产力，创新管理模式，提高服务质量实现同频共振。师生日益增长的个性化、差异化需求不断得到满足，体验感和满意度显著提高。

（二）服务条件极大改善

高校后勤改革使投入渠道不再单一，社会力量和外来资金的投入使人工成本的支出、维修改造的日常费用、硬件设施的定期更替等疑难问题一并解决。外部力量的介入不仅减轻了学校负担，更重要的是缓解了限制后勤发展资金严重不足的"瓶颈"问题。绿色校园、智慧食堂、节能公寓等的建设速度竿头直上。

（三）服务队伍更加专业

随着改革的深入，服务意识已经植入人心，后勤服务的主体已经从曾经"吃大锅饭""等靠要"的老职工逐步更替为年轻的合同制非编职工。非编职工的文化水平、专业素养、学习能力、服务能力在极短的时间内迅猛提升，夯实了专业队伍。部分本科以上非编职工已经培养成熟，在重要的管理岗位担任要职。经过多年改革探索，后勤服务人员的整体素质和服务水平与日俱进。

（四）分配机制更加灵活

绩效工资打破了传统的平均主义，真正实现了众望所归的"多劳多得、按劳分配、效益优先、兼顾公平"的分配方式，有效推动了以包干制为主的经济承包和目标管理责任制落地、落实、落细，更加顺应市场经济的运行规律，更加符合新时代高校师生员工的服务需求。

（五）育人功能不断强化

教育的本质是育人，后勤系统提供的服务保障亦是如此。后勤在改革中注重德育建设，始终把培养人、服务人放在第一位，用身边案例教学强化服务育人、立德树人、事迹感人功能。德育建设的强化使服务水平、服务质量、服务体验同步提升，服务育人已经内化为后勤员工统一的价值取向。

第三节　高校人力资源管理存在的问题

一、人力资源开发不到位

（一）人力资源开发概述

1.人力资源开发的定义

人力资源开发这一概念是由美国学者伦纳德·纳德勒（Leonard Nadler）最早提出。他认为，人力资源开发是指在一定社会组织中，所属员工在特定时间里所体验的、有组织的培训经历，其真正目的就是促进绩效较好提升和员工健康成长。后来，有美国学者认为，人力资源开发是指公司综合运用培训与开发、组织开发以及职业生涯发展来提高个人、团队和组织的效率。人力资源开发是指将人的体力、知识、智力、经验、技能和创造能力作为一种资源加以充分利用、培养、挖掘和开发的一系列活动。

2.人力资源开发的理论

现代人力资源开发理论为四个开发层次，如表3-1所示。

表3-1　现代人力资源开发理论开发活动分类

名称	主要内容	层次
政策性开发	按照人才成长规律和人力资源管理原理，采用制定一系列法令、调整政策、创新体制机制等手段，促进人才辈出，社会繁荣。	最高
使用性开发	包括量才使用、继续教育、职务晋升等	第三层
培养性开发	教导知识、传授技能、提高素质等	第二层
自我开发	着重个人自身主动性和觉悟性的开发	基础

3.人力资源开发的途径

当前日益开放的市场经济体制，为劳动者提供了自由择业、自由创业的平等机会，从而找到了他们最感兴趣、最擅长的工作，创造了一个可以展示自己才华的平台；拓展人力资本投资渠道，激发潜在人力资源，提高现实人力资源的身体素质、技术水平、文化知识和创新能力；完善用人制度，优化管理制度，科学匹配人岗资源，做到人尽其才、才尽其用。

（二）人力资源开发的理论基础

1.马斯洛需求层次理论

美国心理学家马斯洛（Abraham H. Maslow）在1943年提出了人的需要层次理论，将人的需要分为五个层次：生理需要、安全需要、社会需要（对友谊和归属感的需要）、尊重需要、成就需要。如图3-1所示。

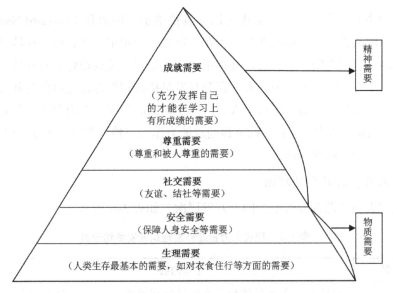

图3-1　马斯洛需求层次理论的金字塔

人们按照以上由低到高的排列"金字塔式"层次需要，逐步追求自身需要的满足，并从中得到激励。这一理论的提出有两个基本前提：①需要是一种动机，它来源于人的需要；②人的需求以水平的形式出现。

2.人力资本及教师专业化理论

（1）人力资本理论

西奥多·W·舒尔茨（Thodore W.Schults）提出把人自身所拥有的健康、知识、技能等看作是一种相对于物力资本存在的人力资本。并且舒尔茨认为劳动者健康状况的改善以及教育的提高改善了劳动者的时间价值以及认知能力，进而可以说改善劳动者个人的人力资本，对其劳动生产率的提高起到积极的作用。

健康资本是我们每个人的身体健康状况。其中，健康资本也就是把我们每个人的身体健康状况看作一种资本储备，劳动者个人健康资本的储备质量既由其先天就有的身体健康状况组成也由其后天获得组成。通常来说，随着时间的流逝，劳动者个人的健康状况会逐渐变差，也就是劳动者个人所拥有的健康人力资本储备会随着时间的流逝而贬值，尤其是在人生命的中后期其贬值的速度会变得更快，所以人的寿命延长在一定程度上可以说明其健康资本储备质量较好，劳动者寿命延长不仅可能获得职业技能等教育的机会，而且其参与劳动力市场提供劳动供给的时间也被有效地延长，劳动者寿命的有效延长也意味着其在劳动力市场提供的总劳动供给时间也被增加，那么劳动者通过劳动获得的劳动收入也会相应地被提升，并且健康也是人力资本发挥作用的前提条件。

舒尔茨认为，人们可以通过教育获得相应的知识和技能，增加自己在劳动力市场上的优势，并且劳动者个人可以通过接受教育从而提高自己的生产能力进而提高自己的劳动总收入。劳动者如果在教育和工作培训方面增加投入，则会相应减少其闲暇时间。在这种情况下，个人的效用将会减少。但是，从动态的角度，劳动者个人参加教育培训和在工作岗位上努力工作，会相应地促进自己的人力资本提升，人力资本的提升对于提高劳动者个人的劳动生产率起到积极的促进作用，最后能帮助劳动者个体获得较高的工作报酬，而较高的工资收入在一定程度上弥补了劳动者个人放弃闲暇带来的负效应。

（2）教师专业化发展理论

职业生涯发展理论最早是以"职业指导"这一形式出现的，由职业生涯选择理论和职业生涯阶段理论组成。事业成功并非一成不变的理论，可能需要几个理论的结合，因此，不能简单地套用某个理论，而是要根据实际情况灵活地采取相应的措施。根据个人职业发展和组织发展的共同利益，确定合适的职业发展方向。教师是专业化的神圣职业，教师专业化是指教师经过专业训练和终身学习，不断提高就业素质，成为教育专家的动态发展过程。特别是现代职业教育教师更需要有匠心育人，德技并修的先进理念和劳模精神和工匠精神。最终达到个人与组织的双赢。

（3）教师人力资源规划与招募理论

教师人力资源规划与招募是指学校或教育机构根据自身战略定位和时代背影的要求，科学的预测师资人力资源的供需状况，并针对不同教师岗位的实际需要，制定相应的招聘政策，以满足学校和教师个人的长远共同发展。

3.胜任力理论

（1）胜任力与胜任力模型

胜任力源自拉丁语中的Competere。我国学者将胜任力翻译为"胜任特征""素质""才能"等。纵观国内外学术研究领域，与胜任力有关的研究始于泰罗（thyrode），他通过"时间－动作的研究"对胜任力进行分析，基于研究结果发现，相较于绩效一般的工人，那些绩效较高的工人往往拥有更高的专业能力及职业素质。因此，泰罗认为，管理者应借助"时间－动作分析法"明确胜任力构成要素。随后，在企业人事管理中，胜任力概念开始得到关注和应用。

国外与胜任力有关的理论研究成果比较多。美国知名学者麦克莱兰（McClelland）在其代表作《测量胜任特征而非智力》中率先提出"胜任"概念。麦克莱兰在论述过程中提到，处于知识爆炸时期的企业，在评价个体时需要兼顾智力因素与非智力因素，这些因素即为胜任力因素，事关个体绩效、工作质量，其重要性不言而喻。伴随着胜任力概念的确定，专家学者们纷纷结合实际概况提出自我观点。一些学者提到，团队是否能够取得成功，在某种条件下取决于员工理论知识和工作态度。还有学者结合实践研究重新解读胜任力，认为这是一种在团体中衡量某一个体贡献的重要指标，对于个体而言，胜任力具有一定引导作用，有助于人力资源管理结果改进。

基于上述分析能够发现，在研究和解读胜任力概念时，国外学者因所处环境和切入点不同，其结论和认知各有侧重。不过多数学者认为，胜任力是某类工作人员基于岗位要求、工作任务需求、行业规范等所拥有的一些能力。在研究胜任力模型方面，国外学者颇有建树，且提出了冰山模型，并试图将其应用于实践活动中。

在研究胜任力模型概念方面，国外相较于国内研究起步较早，拥有相对丰富的研究结果。一些学者认为，胜任力是个体不可或缺的内在驱动，能够促使个体通过学习和实践操作拥有更多专业能力，并能够以此为基础形成胜任力模型。有学者选用比对分析法，将绩效不同的工作人员作为研究对象，并提出冰山模型，该模型包括个体动机、个体角色及其行为特征等因素，这些因素与个体工作岗位胜任能力高低有着密切关联。有学者基于胜任力模型探究员工绩效关键因素，旨在深挖员工内在潜能。还有学者认为具体的胜任力因素有员工工作态度、员工理论知识储备等，并结合胜任力模型进行分析，该模型能够提升个体与工作绩效之间的联系，通过提高个体胜任力，为各项工作有序推进和组织目标顺利实现做良好铺垫。

（2）胜任力的代表模型

第一，冰山模型。冰山模型是美国著名心理学家授麦克莱兰于1973年提出的。冰山模型是指根据个体素质的不同表现形式，将每个人的素质划分为两部分，一部分是显而易见的，一部分不是很容易被发现识别的。这就好像是一座冰山，显而易见的构成"水面以上部分"，不容易被发现的构成了"水面以下部分"。"水面以上部分"是可以被衡量比较的外在表现部分，这部分属于每个个体的基本技能，是可以通过后天培训来提升改进的；"水面以下部分"是不太容易被衡量的内在表现部分，像自我形象、社会角色、个体特质和动机等，这部分绝大多数是先天或随着后天成长逐渐形成的，他们不太容易受外界的影响，更不容易被改变，但却对个体的行为及表现起着关键性作用。

第二，洋葱模型。1982年，美国学者提出了著名的洋葱模型，这个模型一定程度上发展了麦克莱兰的理论。洋葱模型形象地展示了个体素质构成的核心要素，具有可被观察和被衡量的特点。他把胜任要素按照表现特点划分为由内到外的层层包裹的洋葱结构，模型中最核心的是动机层，然后往外依次为个性、自我形象与社会价值、社会角色、态度、知识、技能等，越往外层，表现特征越明显，越容易被改变和评价。这大体上可以划分为三个部分，最内层的主要为动机与个性，相当于"冰山"的水下最深层部分；中间层主要为自我形象与角色，相当于"冰山"的水下浅层部分；最外层的主要为知识技能类，相当于"冰山"的水上部分。洋葱模型中，最外层的要素容易获得和评价，越往内的要素则越难以后天习得。

洋葱模型与冰山模型相比，本质内容都是一样的，都着重强调核心素质，重视对核心素质的改善，关注核心素质以对个体产生的长久影响。洋葱模型与冰山模型也存在不同之处：洋葱模型是在更深层次上对冰山模型的继承和发展，更关注胜任力的层次性，更突出素质之间的紧密关系，对冰山以下的部分研究的更深入。

（3）胜任力模型的重要意义

当前，胜任力理论与教师德育能力在要素维度和特征维度上具有高度契合性，显然，教师胜任力模型分为沟通胜任力、核心胜任力和专业胜任力三类，它们分别对应的是所有教师、行政教师以及特殊岗位的教师进行数据评价。这样一来，就能清晰地反映学校的发展方向、价值取向和校园文化的魅力，引导教师明确奋斗目标，提高自己的教学科研能力，从而促进中等职业教育事业的可持续健康发展。

（4）胜任力理论的必要性

把胜任力理论运用在教师人力资源开发与管理中，可以帮助学校全面理解和掌握教师的能力，为营造校园文化氛围，实现教师岗位职责，增加社会福利打下坚实基础。它既能使学校烘托出浓厚的发展氛围，又能实现学校教师职责的分配均衡，更好地提升学校的效能。

（5）教师的胜任因素

第一，知识技能方面。高校教师从事的主要工作是在专业领域进行知识的传授、应用和创新，相应地，需要有合理的知识和技能结构。高校教师的知识和技能结构可以分为三层，第一层是当代科学和人文基础知识，第二层是专业知识和技能，包括高校教师所在专业的基础知识、深层次知识和最前沿知识，第三层是辅助教师开展工作的知识和技能，如教育心理学、工具性学科的知识和技能、政策和法规等。

第二，能力方面。高校教师需要具备较强的学习能力、批判性思维能力、沟通和表达能力、创新能力等，以胜任知识的加工、传授和创新等工作任务。另外，高校教师所做的大量工作，须在团队中完成，因此需要协作能力、管理能力等。

第三，个性品质。高校教师担负着教书育人、进行科学研究和社会服务的工作职责，相应地，对其个性品质在责任心、敬业精神、奉献精神、正直、诚信、坚韧不拔、亲和力、敏锐度、好奇和包容力等方面有高的要求。

（三）人力资源开发的问题所在

1.教师师资结构中存在的问题

高校师资结构主要以下几个关键指标体现：首先，生师比。生师比是高校师资数量最基础的指标，教育部规定生师比最低指标是 22 ：1，超出这个数据的学校将会被限制招生。但目前有些高校，尤其是民办高校的师生比较高。其次，师资学历结构。在高校中学历结构是学校全部专任教师所获得的学历和学位的组成。目前公办高校大多是研究型大学，更注重科研水平，民办高校大多是应用型大学，注重教学水平。因此，民办高校对教师的学历要求和公办院校相比相对较低。再次，职称构成。职称构成是指在高校的专任教师队伍中具有不同职称等级教师数量的组成，能够体现高校教师队伍整体水平。但在职称评聘转为校内自评之后，每个学校的标准不尽相同，各校之间的师资力量水平也参差不齐。最后，师资年龄结构。高校教师的年龄组成可以从两个角度看：一是指师资队伍中处于各年龄段教师的总量以及构成状况，这可以一定程度上反映学校师资的提升空间；二是指各职称等级教师的年龄组成状况，这在一定程度上可以反映学校师资的总体能力。两个角度综合起来，就可以体现高校的师资水平、科研能力和教学能力，是高校是否能可持续发展的重要保证。

2. 教师发展中存在的问题

从目前高校的教师工作的调研结果来看，一些高校虽然制定了一些培训等教师发展计划，但没有对教师的需求进行深入的调查分析，很难科学合理的预测教师未来的提升需求。现阶段，很多高校只能沿用传统的高校培训内容，提供必要的培训和提升，无法体现教师不同学科专业的差异性，已经远远无法满足教师的发展需求了。大多数高校从学校层面就没有意识到教师发展对学校发展战略的巨大影响，无法根据学校的战略规划，有重点的分批、分层次地组织教师参与各类培训和进修，也就无法通过合理制定教师发展发计划，让教师发展和学校发展形成相辅相成、互相促进的效果。

高校对于教师发展的忽视一定程度上受我国大部分高校的影响，传统高校的培训方案强调基本知识和技能，往往忽视教师的能力建设和创新思想的发展，也忽视了价值观、文化素养和职业素养的塑造，使教师难以在本组织的目标中建立归属感和认同感。同时，高校不够重视教师的职业生涯规划，殊不知对于资源紧缺的一些高校来说，对教师的职业生涯发展的指导直接关系到学校的教育质量和可持续发展，还有很多高校重视教师的绩效考核，以物质激励为主，忽视教师职业生涯规划，对教师的职业发展没有开展有计划的指导和帮助，加上许多教师缺乏职业归属感和认同感，职业发展方向模糊，导致高学历高素质的教师流动性较大，人才流失严重。

3. 非教师激励机制问题

（1）单一的激励手段无法满足多层次的需求

目前，高校的师资队伍主要是分为兼职教师和校内专任教师，其中校内专任教师包括中青年学者和高层次的学科带头人，兼职教师中也不乏高职称、高学历的人才。不同年龄段、不同层次的人才对于物质和精神的追求各不相同。

（2）福利待遇低，人员流动大

目前我国民办高校的教师福利待遇与公办高校的教师福利待遇相比还存在一定的差距，导致部分教师无法从学校中获取足够的安全感和稳定感，从而使他们对学校的认同感和归属感较低。由于教师流失导致的招聘成本、人力资源管理成本和人才断层的问题都是高校面临的难以解决的问题。

（3）缺乏科学完善的考核评价体系

考核评价制度不健全是高校普遍存在的问题，激励措施很难达到公平公正，在一定程度上挫伤了教师的积极性。高校教师考核评价过程中，过于重视高学历、高职称，普通教师的考核评价都是以课时量完成情况作为考核指标，而非授课质量。一些高校由于对科研成果的需求量不大，所以不够重视教师的科研能力，甚至一部分个人发展需求强烈的教师努力进行的科研工作并没有纳入教师考核评价体系。这种重教学轻科研、重数量轻质量的考核评价体系很难全面的评价教师的实际工作，更不利于学校的长期可持续发展。

（4）教师民主管理程度低

普通教师在高校管理决策方面很少有发言权和决定权，不管从教师待遇、教学管理，还是组织管理、学校发展方向问题，普通教师的影响力非常有限。学校大多以人才培养、对接区域经济作为发展战略，普通教师的能力参差不齐导致他们很难参与到学校的发展战略规划中来，行政管理人员过多干预和约束教师的教学活动，教师对学校的长远发展不知情、不理解，这些因素都影响着教师的工作积极性，也损害了教师对组织的认同感和忠诚度。

二、人力资源配置不合理

（一）高校人力资源配置的现状

根据《中国统计年鉴2020》关于分地区普通高等学校（机构）情况（2019）的原始数据计算得出，在全国范围内，高校人力资源规模均值高于全国生均（校本部）教职工人数的省市有13个，其他18个省区的高校人力资源规模都是低于全国均值。生均教职工规模反映了学校人力资源利用效率的整体水平，假定学生培养质量相同，提高生均教职工数是提高高校人力资源利用效率的主要途径之一；高于全国生均专任教师人数的省市有14个，其他17个省区的专任教师规模都是低于全国均值，在对普通高校教学水平进行评估时，衡量一所高校的办学水平是否合格，生均教师规模是一项重要的评估指标。合理的生均教师规模，既能保证较高的教学质量，又能提高教育资源的利用率和学校的办学效益。高于全国生均行政人员数的省市有18个，其他13个省区低于全国均值；高于全国生均工勤人数的省市有16个，其他15个省区工勤人员规模都是低于全国均值；此外，北京的生均教职工、生均行政人员、生均教辅、生均工勤人员等4项规模均为最高值，生均专任教师规模虽未为最高值，但也紧追青海生均专任教师规模之后，位于第二。而安徽是全国高校生均人力资源规模最小省区，其中生均教职工、生均专任教师、生均行政人员、生均教辅人员等4项规模均为全国最低值，生均工勤人员虽未为最低值，但也仅高于浙江、福建、天津位于倒数第四。北京的高校生均教职工、行政人员、教辅人员资源规模分别是安徽的2倍，3.75倍、4倍；青海的生均专任教师规模是安徽的1.6倍；而北京的生均工勤人员规模为浙江的6.74倍。

截至2019年，我国普通高等院校总计2688所，其中东部11省高校1135所，中部10省区的高校973所，而西部10省的高校580所。数据结果显示，我国普通高等教育生均人力资源在区域分布上存在显著的差异。从东、中、西部的高校数量上看，西部地区是我国高等教育最弱的区域，东部依然是最强的区域。但从东、中、西部的高校人力资源规模结构上看，5项生均数据均高于全国平均值的5个省中，东部仅有1个（北京），中部0个，而西部有4个（贵州、西藏、青海、甘肃）。5项生均数据均低于全国平均值的4个省中，东部1个（江苏），中部2个（山西、湖南），而西部仅有1个（甘肃）。从地理分区的角度看，华南、东北及华中地区的生均人力资源相差较小，教师资源分布较均衡，华东、华北、西北地区的生均人力资源相差较大，教师资源分布非均衡性高。这表明经济发达的东部地区（除江苏外）的普通高等教育生均人力资源配置整体集中度，明显高于经济欠发达的中、西部地区。因此，各省高校必须了解引起人力资源集聚和流动的影响因素，以便针对性地采取措施吸引和稳定人才，促进高等教育和经济的快速协调发展。

其原因主要是经济发达省区教育资源丰富，随着高校学生数的增加，高校为了提高教学质量配置更多的人力资源。而经济相对欠发达的省区，高等教育发展基础薄弱，短期内招生数的迅猛发展，使得高校教师资源补充相对不足，所以出现经济发达省区高校生师比增幅不大甚至负增长的现象。归根到底，这是高校人力资源区域分布不均衡导致的。

（二）高校人力资源配置的问题

教师人力资源配置的情况，直接影响高校的建设与发展，而教师人力资源配置效率在一定意义上又表现为人力资源的质与量的差别。

1. 生师比有待优化

当前，生师比在衡量一所高校的办学效益时仍然是一个重要的指标，在一定程度上体现了教师人力资源配置的多少。目前有部分高校生师比相对较高，且各学院、各专业之间生师比分布不够均衡，导致小班授课比例非常低，这一定程度上降低了专业课教育教学的质量，影响了学校教育教学工作的发展。因此，高校的生师比有待进一步优化。

2.教师结构不够合理

（1）正高级职称比例较低

高校教师职称是体现教师能力水平的重要指标之一，目前我国高校专任教师中拥有正高级职称的人员在递增，但仍有部分院校教师正高级职称占比低于全国本科院校平均水平。

（2）高学历人才比例有待进一步提高

高校教师的学历分布如何，能一定程度地反映出师资队伍的理论基础和科研能力水平。近年来，我国高校教师的学历提升速度非常快，但是仍有一些偏远地区院校的教师学历水平相对不够高，博士学历的教师占比与国内的高水平大学和发达国存在一定差距。因此我国高校仍需进一步提高高学历人才的比例。

（3）海外学缘比例过低

目前我国部分高校国内外校学缘的教师人数在逐年增加，但是海外学缘的教师较少，且呈现下降趋势，这不利于学校的国际化发展。美国高校教师来源更加多元化，除了聘用许多兼职教师外，还聘请大量的外籍老师、少数民族老师等，激发高校创新发展的活力，值得我们借鉴学习。

（4）兼职外聘教师比例较低

对比国外高校专兼职教师队伍，我国高校兼职教师的比例过低。

（5）高级职称年龄结构不合理

目前我国部分高校的高级职称教师向老龄化的趋势发展。

（6）双师型和具有行业企业背景教师比例较低

为培养应用创新型人才，学校需要有丰富的实践经验和知识的双师型教师和具有行业企业背景的教师作为支撑，但是目前我国有部分高校双师型教师和具有行业企业背景的教师比例偏低。

3.教师岗位设置与聘任结果不匹配

根据适配理论，在进行人力资源配置时要充分考虑员工能力素养和岗位需求的适配性，达到"人岗匹配"的状态。对于学校的教师岗位而言，教学、科研和创新应用是学校工作的三个主要方向，所以在教学、科研、创新应用岗位的设置和聘用上，要充分切合学校的发展战略，对不同岗位进行合理布局。在岗位聘任的过程中，要充分运用科学的工作岗位分析和人员素质测评技术，帮助每个岗位聘到合适的教师，从而提高人岗匹配的适合度。目前国内有部分高校的教师岗位设置看似划分合理，考虑到了教学、科研、应用、创新的现实情况和教师能力的实际情况，但是从实际聘岗情况来看，效果不够明显。

4.人才引进效率不高、目标不够明确

人才引进是教师人力资源补充的关键，是实现教师人力资源优化配置的重要手段。目前我国高校对人才引进工作非常重视，不断加大人才引进的力度，引进大批优秀的人才，推动学校教育事业的发展。但部分院校存在引进效率低的情况，缺乏引进高层次人才、海外人才、具有行业企业背景的人才，没有在丰富学校的海外学缘结构和提高具有行业企业背景的专业教师的比例上下功夫，人才引进没有瞄准学校的发展定位，与人才引进的目标存在偏差。

5.高层次人才紧缺与智力流失并存

根据劳动力供求理论，高校应该根据学校的办学实际和发展规划，在教师劳动力市场上配置学校需要的教师人力资源。然而，在政府引导和市场机制的双重作用下，在"双一流"建设的大背景下，高层次人才变得异常紧缺，地方普通本科高校很难能够配置到理想的高层次人才。近年来，虽然学校认识到高层次人才的重要性，但其数量和质量差距很大，又很难在教师劳动力市场上取得突破，因此难以形成完整的梯队结构。要想提高人才资源配置效益，必须着力提高高层次人才的数量和比例。

（三）高校人力资源配置的问题原因

1.人力资源配置偏离学校发展定位

（1）引进人才没有聚焦办学定位

高校的办学定位不同，人力资源的配置也将不同。从办学类型来看，有研究型、教学研究型和教学型高校；从办学层次来看，有博士研究生、硕士研究生、本科和专科不同的层次；从培养人才的类型来看，主要有技能型、应用型和研究型。高校的办学定位是人力资源配置的重要依据。这些不同类型、不同层次的办学定位，使高校对人力资源的需求出现巨大差异。地方普通本科高校办学定位主要为教学型高校，办学层次主要以培养本科生为主，硕士研究生为辅；培养人才类型主要以应用型为主。这种情况下，人才引进工作应聚焦学校所在发展与定位，比如培养应用型人才的高校更倾向于有企业工作经历或双师型的教学实践能力突

出的教师，而非一味追求科研能力强的教师。比如要建成高水平特色型大学，就要在引进和培育高层次人才上持续不断的下大力气，而不是"守株待兔"或者引进大量的普通教师来填补紧缺的教师岗位。

（2）岗位设置与聘任没有瞄准办学实际

科学合理的岗位设置，是高校人力资源配置的基础，可以有效促进学校的办学定位和发展目标顺利实现，从而使有限的资源更多地用于教学科研的发展。因此，科学合理的岗位设置不是考虑学校的专任教师是否得到全部安排，而是能否满足实现学校办学和发展目标的需要。通过分析地方普通本科高校的实际聘岗情况可知，专任教师的实际岗位情况与学校的办学定位与发展目标出现很大偏差，而且没有为高层次人才设置专门的学科带头人、专业带头人等相应的学术岗位，而是将高层次人才向行政岗位聚集，影响了高层次人才作用的发挥。

2.人力资源管理机制相对落后

（1）人才选聘和培养机制落后

科学、规范的人才选聘和培养机制，是提高人力资源管理效率，优化人力资源配置的重要举措。地方普通本科高校在人才选聘上，还停留在二级单位提需求——学校层面根据编制情况确定选聘计划——实施选聘计划的简单层面，需求缺乏深入细致的分析和论证，招聘岗位设置过于粗放，缺乏岗位职责和目标，对于数量过度追求，而对质量如何、是否适合学科专业未来发展的需要考虑不足。而人才选聘进入学校后，缺乏科学的人才培养机制和成熟的培训体系，对新教师没有长远的发展规划和培养方案，没有具体有效的措施办法，没有足够的投入支持，人才发展的路径比较粗放和随机，人才发展得好与坏，主要靠自己的努力和机遇，而非科学地引导和有计划地培养。

（2）薪酬体系缺乏有效的激励作用

地方普通本科高校在工资管理上虽然有一定的自主权，但在现实的管理模式下，还不能根据地方经济发展水平、学校的实际、岗位的贡献和办学效益等因素确定薪酬标准和薪酬增长、调整办法。薪酬水平与市场不适应，不管对外部还是内部来说，都缺乏激励效果，缺乏科学的薪酬动态增长和调节机制，造成高校难以根据自己的现实需要引进人才、稳定人才，人才引不进、留不住的现象一定程度地存在。虽然一些地方普通本科高校试图在薪酬激励上有所突破，但在现实的"平均主义"、制度设计等情况下，对一些人的奖励就意味着对一些人的惩罚，导致激励薪酬即使有也不会有较大突破，相较于企业的奖金奖励相差甚远，导致大多数青年教师待遇偏低，对优秀人才的激励上更是缺乏强有力的举措。

（3）科学的评价与考核体系不健全

当前，地方普通本科高校采用的考核与评价办法主要是量化考核指标，使考核具有可操作性。以教学、科研工作为主，包括教学的课程和课时数、科研项目的级别或经费情况、获得的成果奖励情况以及学术论文的级别和数量等为主要内容。重点是对教师完成工作的数量和质量进行双重考核。特别是在专业技术职务晋升、岗位聘任上，对教学、科研工作更是有详细的数量和质量要求，"量"的达标与否是晋升和聘任的关键性问题，唯"量"论现象较普遍。但问题是有些素质通过量化指标是考核不出来的，过于具体和绝对的量化指标，导致高校专任教师在科研项目、专著论文、课程学时等数量上东奔西跑、疲于奔命。通过高度的量化指标来考核评价教师，考核的结果以量化的数据为准，规定的时间内达不到要求的数量即为不合格，并且指标的设定没有着眼学校的办学定位和发展实际，对科研的要求过高，对教学效果和创新实践却缺乏有效的考核。在现实的生产生活中，量化考核指标主要适用于从事简单劳动的计件制员工，通过量化考核来激发员工的积极性，但不适合于从事复杂脑力劳动的知识型员工，因此量化考核在激励高校教师上存在很大的弊端。

三、人力资源整合不彻底

（一）人力资源整合概述

所谓人力资源整合，是指不同组织内各个组织成员在一定管理、控制与激励措施引导之后能朝着组织共同发展目标而凝结的过程。其目的在于优化组织内人力资源的配置，使其发挥其自身优势，以提升组织内人力资源效力，继而推动各个成员及组织发展的共同发展。

在尊重个体成员自身能力的基础上，人力资源整合更强调整体组织成员的能力提升，以达到总体成员能力水平上升的目的，最终为组织实现其长远发展目标提供人力支撑。由此可知，人力资源总体配置与优化为人力资源整合的核心所在，这也是高校合并初期要着力提升团队凝聚力与向心力的原因所在。根据波士顿一家咨询企业的调查报告可知，熟练技术工人、管理人才均是企业宝贵的人力资源。企业并购的成功，绝大部分因素取决于这些宝贵人力资源的整合与配置是否有效。而事实上，不少企业并购过程中，对人力资源整合存在某种错误认识，继而使企业在错误的意识引导下并购失败。在实际情况下，企业除了重视财务、资产的合并，在其并购行为中，还要充分关注人力资源整合，将其作为影响其战略发展的一大因素来考虑与对待。

和企业并购注重经济效益不同的是，高校合并具有更多社会效益。在高校合并初期，其人力资源整合方面涉及管理者、教职工的重新分配和人员的去留问题，而这一系列活动都存在一定风险。为确保合并之后高校的整体发展目标一致，高校需要重视对人力资源的培训与引导，确保团队工作积极性和凝聚力符合发展要求。同时，高校合并初期，其人力资源整合的核心为其人力资源的整体优化与合理使用。

（二）人力资源整合的问题

1. 人力资源整合管理方案执行力不足

高校进行合并后，虽然已经制定了统一管理方案，在人力资源配置、培训、绩效等方面进行统一规划管理。但是实际执行中，存在整合管理方案执行力不足，依然存在管理各自为政的问题。

2. 人力资源配置不均衡情况突出

高校进行合并后，虽然学校的专业进行一系列调整，但是学校的师资力量却没有随之调整，出现岗位空缺，师生比不足等情况，人力资源配置十分不均衡。

3. 忽视文化认同管理

院校合并后的文化认同管理，是提高员工对于合并后的新院校的认同感，增加员工的认同性、黏着力、提高人才队伍凝聚力的重要手段。但是目前部分高校在进行人力资源整合的过程中，对教职员工文化认同方面的管理不足。

（三）人力资源整合问题的原因

1. 政府职能部门推动力度不够

在缺乏政府相关部门的推动下，高校没有关注到人力资源整合管理中的问题，也没有及时提出对应的改进计划，导致整合效果不佳，致使成本浪费。

2. 人力资源整合管理机构不健全

高校在人力资源整合的过程中，没有设立统一的人力资源整合管理机构，从而影响到整合后的人力资源管理成效。在缺乏统一的管理机构下，高校的人力资源整合管理缺乏统筹规划管理，缺乏人力资源管理执行情况更多监督等。

3. 人力资源整合与学科整合联系不紧密

战略人力资源管理理论注重人力资源管理与内部业务的联系，要求根据业务情况调整人力资源配置。由于对学科计划执行力不足，导致学科整合与人力资源整合管理不足。并且，多头的教学、行政管理、学生管理等工作，往往造成精力分散，效率低下，既不利于学生的培养和管理，也不利于教师的成长和提升。

四、人力资源管理理念缺乏系统性

我国高校人力资源管理理念还没有完全走向现代化，教师人力资源队伍的建设还没有脱离计划经济时代人事管理的传统观念，没有把人力资源配置纳入高校发展战略的一个关键节点来统筹。很多地方普通本科高校的人力资源管理还停留在传统的人事管理模式上，将人事管理作为学校的行政事务之一，以具体事为牵引，重点对教职员工的进、出和管理教育负责。"人力资源是第一资源""人才资本是第一资本"的理念树得不够牢，缺乏科学、有效、系统的落实举措，没有聚焦学校发展实际制定具有针对性的战略性中、长期人力资源发展规划，没有从战略的高度对人力资源管理进行合理地定位，结果导致学校的人力资源配置始终在战术级的低水平徘徊。

现代化的人力资源管理属于地方高校在战略高度上的一项工作，需要结合学校的实际发展情况，对人力资源进行系统的规划、开发与组织。纵观我国地方高校的整体发展情况，在人力资源管理方面所取得的成绩依然是针对某一事项开展的，并没有形成一套完整的人力资源科学管理理念。

具体来看，地方高校在长期的发展过程中，高校的管理者在人力资源管理理念方面没有及时地革新，依然秉承着传统化"以事为本"的理念，并没有转移到"以人为本"的管理理念上。一些地方高校的管理者对于人力资源管理工作的地位没有引起足够的重视，在人力资源管理工作中缺乏必要的前瞻意识，没有从整体的角度出发对人力资源管理的相关问题进行考量，这对于校企合作大背景下地方高校的可持续发展造成了一定的阻碍。

地方高校的发展，需要借助四种资源。这四种资源分别是人力资源、物力资源、财力资源以及信息资源。在这四种资源中，只有人力资源是属于战略高度位置上的资源。而人力资源管理工作，则是为地方高校的整体发展战略提供重要保障的重要环节。现阶段，很多地方高校的管理者非常注重资金的引入，认为只要加大建设投入，就能够实现高校的全面发展。因此其对于现代人力资源管理理念的重视程度是不足的。在人力资源管理工作上也缺乏足够的重视。在人才问题管控上，高校往往更多地关注"硬环境"的建设，也就是薪资福利待遇等，而对于科研条件、人才发展规划等"软环境"建设的重视程度却远远不够。整体来看，人力资源管理工作缺少必要的战略性规划与科学管理的手段。

五、人力资源绩效管理体系不完善

（一）绩效管理的意义

对于现代管理理论来说，绩效管理是管理重点之一。有效的绩效管理可以提高员工的工作态度和工作积极性，并能提高组织的运行效率，进而促进组织的发展。其意义主要有以下几个方面：

1.重要性

高级管理人员可以使用绩效管理的手段对员工做出积极的、科学的评价，如职位变动、薪酬变动、雇佣与解雇等。可通过绩效考核结果来选拔需要晋升的员工，为员工提供更多的发展可能；可通过对员工薪酬的调整、对员工进行培训来对优秀员工进行奖励，同时可利用考核结果解雇工作懒惰、行动缓慢、经常犯错并导致公司利润损失的员工。这种管理措施可以有效地做出各方面的管理决策，让公司的利益得到保障。如果没有完整的绩效管理体系，高层通常会根据个人主观意识做出决策。

2.战略意义

绩效管理将企业级、部门级和员工级目标充分链接，使战略目标能够更高效地实现。它能准确地让员工了解战略目标的具体执行情况，是战略管理中必不可少的重要工具之一。

3.沟通性

绩效管理是内部沟通的重要载体和渠道。其可以使员工了解管理层的期望，并能够使员工意识到不同工作项目之间的差别性。同时，员工可以利用绩效结果反馈对工作进行有针对性的优化调整。通过沟通机制可建立针对员工的持续绩效指导。

4.发展意义

绩效管理具有激发员工潜能的作用。首先，绩效结果反馈和绩效辅导可以帮助员工提高工作效率和工作态度及能力。绩效结果反馈可以帮助员工找出自身的长处和不足，分析导致所存在的问题的深层原因，继而进行有针对性的改进，最终全方位提升员工的能力，拓宽员工的发展路径。

（二）高校人力资源绩效管理的问题

1. 绩效考核方法不规范

目前在部分高校绩效考核中所采用的模式比较单一，不能满足现阶段高校的发展要求，无法将教师的综合能力充分发挥出来。对于不同教师，其专业知识侧重点不同，这就需要强化对整体情况的把控，推动考核工作的完善。

在绩效考核过程中，存在采用的方式不明确的问题，不同教师采用的方式没有差异，使得教师很难明确自身存在的问题，影响绩效管理的效能发挥。在人力资源管理过程中，绩效考评作为其中的重要组成部分，需要采用科学的定性手段，开展全方位的考核工作，按照绩效考评的结果，对教师开展相关培训，提升教师的教学水平。

2. 校领导与教师缺乏沟通

在高校管理中人力资源是一种动态资源，为学校教学工作的开展提供保障。从目前绩效管理体系构建来看，教师在绩效管理体系下缺乏主动性，并不了解绩效考核的相关内容与标准，无法做到对症下药，影响了教师综合素养的提升。学校领导在对教师进行考核的过程中，缺乏对具体教学质量指标的融入，造成绩效考核工作不够严谨，缺乏科学性，影响了教师工作业绩的提升。在当前的学校人力资源管理中，校领导与教师之间并没有构建有效的沟通机制，影响了教师主动性与创造性的发挥，同时也增加了教学难度，影响了学校的可持续发展。

3. 绩效考核结果应用不合理

在高校开展人力资源管理的过程中，绩效考核体系作为其重要组成，为教学工作的改进提供了不可或缺依据，但是也存在许多的误区，如将绩效考核的结果作为唯一的考核依据，同时将其与教师的薪酬水平结合。

人力资源管理工作的开展，需要对学校的现状进行分析，合理地确定管理工作的需求，而这种绩效考核结果的应用方式，缺乏对教师的精神激励，影响了教师积极性。从整体绩效管理工作来说，如果仅依靠考核压力促进教师的发展，难以获得教师的认可，同时也阻碍了教师积极性的发挥。

六、人力资源的招聘时效性不足

我国高校人才招聘工作一般分为制定招聘计划、招聘公告发布、求职简历筛选、笔试、面试、试讲、阅档、心理测评、录用等环节，这其中任何一个环节设置的不够科学，都会导致招聘工作有效性不足。我国高校在人才招聘环节重点存在三个方面的问题。

（一）招聘计划科学性不高

招聘计划是招聘工作的基础，高校人才招聘数量指标、时间计划等由校级人事部门把控，应聘者能力条件要求由二级用人单位把控。在实际招聘计划执行中往往存在三类矛盾。一是学校批准的数量指标与二级用人单位实际需求之间的矛盾，导致二级用人单位无法很好地优化自身教师队伍结构。二是招聘计划规定的时间节点与人才供应周期之间的矛盾，在当年招聘的时间计划内，如果未发现合适的人才，则招聘往往就要顺延到第二年，限制了二级用人单位补充人才的时间。三是批准的招聘人员类型（国内应届生、留学回国应届生、社会在职人员等）与招聘需求之间的矛盾。例如，如果学校批准的招聘指标为国内应届生，若通过考察，未发现合适的应届生，受招聘计划的限定，则无法引进合适的社会在职人员，会导致当年的教师队伍补充计划受到限制。

（二）招聘渠道多样性不足

高校招聘往往是被动地等待求职者报名应聘，按照国家事业单位招聘政策，目前国内所有高校基本做到了公开招聘，但是很多高校的招聘公告往往只是在学校官网或者按照政府要求在指定的事业单位招聘平台发布。除此之外，缺少其他的宣传活动，招聘公告写的是面向全国甚至全球招聘，但是受招聘媒介的制约，人才的遴选范围往往不够大，不能很好地达到公开招聘的效果。

（三）考察形式有待完善

随着国家对师德师风问题的重视，各高校在招聘过程中已经开始逐步重视对师德师风的考察。立德树人根本任务要求教师首先是一个德才兼备的人，在招聘中应加大考察竞聘者的思想道德情况。此外，笔试面试考察内容有限，人事档案记载内容也有限，这些都无法很好地全面衡量一个人综合素质。

七、人力资源管理中存在一些问题

高校人力资源管理伦理实际上是蕴含在高校人力资源管理中的一系列规则、原则和关系的总和。因此，正确认识高校人力资源管理工作的伦理价值内涵并妥善处理好相关的关系，应该成为高校人力资源管理工作的核心理念。

中国是以伦理关系为纽带，以伦理情谊为主要维系手段的"文化共同体"。高校是以教育为主要目的的知识型组织，教育内涵的道德属性要求学校重视管理伦理，教师或相关人才及其与学校的伦理关系构成了学校组织中的基本关系。与此同时，高校还是一个以培养人为目的的场所，教育的根本目的在于"立德树人"，高校理应成为组织成员道德净化、升华的地方。正如《高等教育哲学》一书中所提出的那样，"学校（大学或学院）应该表现出远超过最低道德要求的道德敏感性，因为高深学问使这些机构具有较为敏锐的洞察社会不平等的能力"。

高校人力资源伦理实际上就是蕴含在高校人力资源管理中的一系列规则、原则和关系的总和。从内容上看，高校人力资源管理伦理是高校在人力资源招聘、培训、考核等方面与伦理纽带的有机结合。高校的本性是高等教育，是进行高层次人才培养的教育机构，从某种意义上来说与企业或者其他事业单位、政府部门的存在和发展方面有较大差异，因此人力资源管理伦理也存在很大差异。

高校人力资源规划方面，由于高校组织的特殊性，高校人力资源也具备一定的特殊性，故而高校人力资源规划不同于一般人力资源规划，不仅要关注和落实国家相关的政策与制度，还要重视高校自身的发展战略，同时要以知识传授和立德树人为价值追求；人力资源招聘与配置方面，高校教育的特殊性决定了招聘人才不能仅仅只关注其才能，还要考察其道德水平，不能"唯才是举"，而要"德才兼备"；高校人力资源培训和开发方面，高校作为传授知识、培养知识型人才的场所，高校人力资源管理的重心是开发和管理知识这一智力资源；高校人力资源绩效管理方面，高校作为非营利组织，无法像企业一样以利润衡量，必须结合教育、教学和科研等，通过"人"对"人"来进行绩效考核；薪酬福利方面，随着高校人事制度不断深化改革，分配方式从过去的平均主义和论资排辈到如今的高校坚持以人为本原则，不断改革收入分配方案，与教学、科研挂钩。劳动关系方面，随着我国教育事业发展和人事制度改革，聘用合同制逐渐取代了行政任命制，双向选择制逐渐取代单向用工体制，作为劳动主体的教师，也由原来的身份管理模式转向契约管理模式，主体自由性得以充分发挥。

人力资源管理伦理是人力资源管理发展过程中形成的伦理样态，人力资源管理不仅需要规则和规定的管束，还需要伦理的制约，可以看出伦理在人力资源管理中发挥着重要的作用。同样，高校人力资源管理也需要一定的伦理规范。

一方面，中国传统文化深刻影响着现代化管理思想；另一方面，基于当前时代的宏观背景下，社会主义市场经济的发展，人力资源价值的提升，对高校人力资源管理都具有重要影响。如何结合中国传统文化，运用现代化管理手段，完善我国高校人力资源管理制度，成为现代管理伦理需要思考的一个维度。要厘清这一问题，首先要认识到目前我国高校人力资源管理的一些现状。

（一）高校人力资源管理的"唯市场论"

随着我国市场经济的发展，市场原则潜移默化地影响着我国经济，高校也深受利益追逐、优胜劣汰、价值交换等市场原则的影响，高校教师之间的利益关系与格局也因此而改变。

中国高校诞生于 19 世纪末 20 世纪初，20 世纪 20 年代蔡元培先生效仿德国大学的教育模式，在北大初步建立起具有现代意义的大学制度。改革开放后市场经济的建立，更使得中国高校成为"经济增长点"的源头，高校组织开始将制度规则作为获得更多经济效益的手段。

改革开放以来，社会主义市场经济逐渐取代计划经济，政府改变了以往为高校提供所有经费来源的做法，努力推进高校经费来源多元化。目前大多数高校把大量的经费投入到科研奖励、引进人才，同时又要满足不断扩张的招生需求，把财政经费投入到基础设施建设中，虽然国家每年不断增加教育开支，仍无法满足高校的资金缺口。因此，高校鼓励二级学院充分挖掘潜力，通过拓展社会服务来提升经济效益、社会效益，从而增加财政收入，以坚持"学院办大学"的理由，把资金压力转嫁到各二级学院和教职工身上。

经济的繁荣很大程度上对高校组织的发展发挥着重要的促进作用，但是并不能掩盖市场经济的"利益原则"与高校无私的学术追求之间的潜在矛盾，也不能消解市场调节的盲目和自发性与高校人才培养的潜在性和滞后性之间的内在冲突。如果高校制度对市场经济的"适从"和"促进"过度化了，如果高校对经济价值的追求成了唯一选择，那么高校必将违背自身发展的逻辑，沦为纯粹的经济工具，也必将有损公正和学术发展的原则。因此，以人的全面发展为根本目的，以学术自由为根本追求，以及以社会发展为主要动力的高等教育伦理内涵还应是高等教育的教育目标。

在我国高等教育现代化转型的特定阶段，功利主义"导向虽然为高校带来了一定的现实效益，但要注意避免不良思想对高校教师的影响使教师避免重物质利益、轻职业道德，甚至在教学中把市场主义当作自己的行为指导的现象。

早在 2001 年，我国有关部门就印发了《关于国家科研计划实施课题制管理的规定》，这标志着我国科技计划开始全面推行"课题制"，"课题制"在十多年的应用中，对科研人员积极性的激发、科研资金来源的拓展以及科研项目市场化、社会化的促进等方面发挥了积极作用，但同时，也引发了一些学术研究上的道德问题，比如急功近利、科研抄袭等。具体表现在，某些科研人员真正用来做科研的时间非常少，而是把大量时间都花费在申请课题、应付检查和评估上，有些甚至通过弄虚作假、行贿等方式获得科研经费；还有些教师通过利益交换来处理与学生和学校的关系，这些不良行为严重损害了高校教师的形象。可见，市场经济为社会经济和高校发展注入活力的同时，功利主义思想也给高校的健康发展氛围带来严重负面影响。

（二）高校人力资源管理的"唯人情论"

中国的礼俗文化重视"人情"，它既是一种观念，也是一种具体行为。《礼记·礼运》有云"何谓人情？喜、怒、哀、惧、爱、恶、欲，七者弗学而能"，意思是七情源于人的本性，如何让别人了解自己的感情，必须借助特定的载体传递情感，包括语言、行为和物品等等。由此，人情演变成一种情感表达方式，体现了人们的情感交流，也反映了群体间的互惠关系。过去老百姓常言"人情大似王法"，这足以说明人情在礼俗社会的重要性，正如梁漱溟先生所言"中国文化长于理性而短于理智，倾向于内向的人情往来，而疏远相对于自然的事物之理，由此颠倒了个体生命与社会发展，心随身来，身先而心后的正常顺序，并呈现出一系列文化病象"[1]。

在社会结构日新月异的时代，高校中仍然存在着传统的"人情"问题。在招聘人才、评审职称、年终考核、利益分配等情形中，高校中经常会出现送礼、找关系的现象。尤其近些年，随着高校人力资源配置自主权的放开，各高校可以根据自身需求进行自主招聘，这种做法虽然提高了人事工作效率，解决了高层次人才紧缺的难题，但同时也带来一些新的问题。比如，高校诚信缺失问题，招聘人员以权谋私、任人唯亲唯"财"，这些招聘活动中常见的乱象，致使高校人力资源管理有违公平、公正、公开的原则，最终形成混乱失序、缺乏合理规范的人才进出机制。此外，由于一些招聘中的徇私舞弊，高校组织与求职人员之间出现

---

① 梁漱溟. 中国文化要义 [M]. 上海：上海人民出版社，2018.

信息不对称的问题，导致许多优秀人才无法进入高校，阻碍了高层次人才的正常流动。

（三）高校人力资源管理的"唯权力论"

在千百年封建思想、集权体制的影响下，"官本位"思想是我国传统"官文化"发展的必然产物。在汉代，太学教师拥有较高的地位，被人们称为"博士"，他们既负责传授知识，也参与政治活动和学术讨论，既拥有权力，也享有俸禄，可谓"高官厚禄"。所以，教师这一职业自古以来便与政治、权力等挂钩。

随着经济社会的发展转型，我国的高校规模迅速扩大，高校管理也变得越来越复杂化。在"官本位"思想的影响下，个别教师的价值观也发生了扭曲，他们已不满足于站在"三尺讲台"上教书育人，或是坐在"冷板凳"上潜心科研，而是对当官产生了浓厚的兴趣，尤其那些在职称、学历上达到顶峰的教师，他们对行政管理的热衷已经远超教学与科研。

"官本位"思想不仅是社会风气在高校中的体现，也是高校在发展中形成的价值取向。在高校中，以行政为主导的运作方式，导致将行政级别与学术话语权联系起来的观念，教师们纷纷以行政权力为目标进行学术研究，而终致学术浮躁之风、科研滥妄之气。这种"官学一体"的形式，虽在高校稀缺的人才资源配置中占尽便宜，但学术研究与行政管理毕竟迥异，一心只想获取行政权力与大学精神南辕北辙、大相径庭。"科学研究需要独立人格和批判精神，但在行政权力面前备受压抑和调整，艰辛的学术生涯往往不如副处级岗位轻松惬意"。

在"官本位"的影响下，学术与行政挂钩，使得高校发展前路渺茫。同时，随着自主权的提升，高校内部如果缺乏监管与约束，行政人员一旦将个人意志强加于组织意志，那么高校组织便成了某些拥有着苍白权力之人的"伊甸园"。进一步地，行政权力凸显的优越性，致使高校教师一心在行政岗位上谋求一官半职，将终至大学徒存形式，而毫无学术、科研之精神。

权利是组织的基础，是社会、群体、组织生存和发展基本条件。一个组织要实现科学化、民主化的管理，必须合理地分配和协调各种权力，形成一种相互制约的关系，防止权力的集中。高校是一个具有教育性质的组织，虽然现在的社会结构越来越复杂，权利越来越多样化，但是，高校依然需要以教师和学生为主体，以"行政育人"为主要手段，以"立德树人"为目标，而不是逐步被"官本位"思想所侵蚀。

（四）高校人力资源管理的"唯绩效论"

孟子曰："权然后知轻重，度然后知长短，物皆然，心为甚"。要考察一个人是否有真才实学，离不开必要的"权"与"度"，在人力资源管理中，绩效考核就是一项重要指标，也是核心环节。从表面上看，绩效考核是对工作人员的实绩评价，但从现代人力资源管理理念来看，绩效考核的实际目的，不仅仅在于对他们考核期内工作进展的评价，更重要的是，通过绩效考核可以有效地发现不足，通过有针对性的学习、培训对工作进行改善，深入挖掘工作人员的潜能，提高工作能力和竞争力。

目前，我国一些高校在绩效评估时过度追逐业绩，重科研轻教学、重自然学科轻基础学科，忽视了人力资源管理的伦理建设，造成了诸多管理伦理问题，具体体现在三个方面。

1. 绩效考核偏重硬性指标，高校教师满意度低

在评定绩效工资的过程中，不得不将工资与绩效联系起来，通过相对合理的评价标准和科学的测量方法，来对教师的劳动价值进行"估价"。但在现实中，一些高校管理人员往往只通过可以量化的和可测性较强的硬性指标来评价教师的绩效。譬如，通过对教师的教学和科研工作量，包括课时数、专著、专利和论文数等进行考量。这些硬性指标虽然可以作为相对公正客观的评价标准，纳入教师绩效考核之中，但是仅仅以此来进行考核，较难获得准确结果。

2. 教辅人员与科研人员收入分配的矛盾

高校教师结构中，既有教辅人员，也有科研人员，两者是高校教育教学活动中不可缺少的力量，对学校发展起到同样重要的作用。然而，在当前的高校管理中，科研人员与教辅人员的绩效评价标准存在差异，教辅人员的收入相对较低，这是因为高校教师的收入与课时数相关，教辅人员的工资则相对固定。同时，在职级、编制名额的限制下，教辅人员很难得到晋升，他们只能通过发表论文来获得职称，以提高工资待遇，而职称的获得与著作、论文数量等因素挂钩，导致许多教辅人员发表一些与自己本职工作不相符的论文。总的来说，高校教师的岗位津贴不断提高，而教辅人员的津贴没有发生显著变化。

3. 师德考核形同虚设

党的十八大提出了"立德树人"作为教育的根本任务，十九大又再次强调要贯彻落实"立德树人"的教育方针，可见我们党对教育尤其是德育的重视。教师

是学校教育教学的根本，其个人品质对于学生的道德发展有着春风化雨、潜移默化的影响，高校教师亦是如此。从高校发展的角度来看，要提高教育教学质量，必须建设高素质、高道德的专业队伍，不仅要有丰富的教学知识和专业的教学方式，还要保证自身道德品质的高尚，因此高校必须重视师德建设。然而现实情况是，一些高校在教师职务或职称评定时，对于师德的考核大多停留在表面。即便是学生在教务系统中对教师进行评价，也会由于各种因素的影响，导致评价存在偶然性和随意性，无法真实地反映教师的实际情况。

在对高校教师进行考核时，不能单纯以绩效作为评价教师工作质量的标准。绩效考核的目的是通过科学、客观的方式对教师的教育教学作出价值判断，以便在后期的发展中不断改善教学，提升教育水平，进而促进教师的职业目标与高校的发展方向相协调。高校人力资源管理者应当有机地将"管理的伦理价值"与"伦理的管理功能"融为一体，从而实现在提升管理效率的同时，保证管理的公平性。基于此，高校人力资源管理者，应当本着"以人为本"的管理宗旨，树立"一切为了教育教学服务"的管理理念，以提升高校教师的满意度与幸福感，最终在提高高校人力资源管理水平的基础上，实现高校健康的、全面的发展。

第四章　新时代高校人力资源战略规划

新时代到来，国家大力推行高校人力资源发展战略以实现可持续发展，在这一战略的影响下，高校对于人力资源管理问题展开深入研究，通过提高人力资源管理水平使高校竞争力得到提升，从而使其得到长远的发展。本章分为高校人力资源的供给和需求、高校人力资源战略规划的实施两部分。

第一节　高校人力资源的供给和需求

一、高校人力资源供给

（一）影响高校人力资源供给预测的因素

1.影响高校人力资源供给预测的内部因素

高校内部人力资源供给是高校人力资源供给的重要来源，高校人力资源需求的满足，应优先考虑内部人员资源供给。高校内部人力资源供给应考虑下述三个方面的因素：高校内部人员的自然流失，内部流动，调往外单位。

2.影响高校人力资源供给预测的外部因素

由于高校内部的自然成员及办学规模的扩大而形成的职位空缺不可能完全通过内部供给解决，这必然需要不断从外部补充人员。高校外部人力资源供给的来源主要有：大专院校应届毕业的博士、硕士、学士等毕业生，留学回国人员，复转军人，引进的人才及其配偶，其他组织人员等。

（二）供给预测方法

1. 管理人员接替模型

对于管理人员的预测，最简单有效的方法就是设计管理人员接替模型。针对某类岗位，先了解其现有人员情况，再对该岗位可能的人员输入（招聘、调入、晋升）和人员输出（晋升、离职、辞职、解聘等）的数量做出预估，以此预测该类岗位人员供给量。

2. 马尔可夫模型

马尔可夫模型是通过发现组织人员变动的规律，推测组织在未来的人员供给情况，是一种确定转移概率的矩阵分析法。转移概率表现的是在事件的发展变化过程中，从某一种状态出发，下一时刻转移到其他状态的可能性。由状态 E_i 转为状态 E_j 的状态转移概率 $P(E_i \rightarrow E_j)$ 就是条件概率 $P(E_j/E_i)$，即：

$$P(E_i \rightarrow E_j) = P(E_j/E_i) = P_{ij}$$

假定某一种被预测的事件有 E_1，E_2，……，E_n 共 n 个可能的状态。记 Pij 为从状态 Ei

$$P = \begin{bmatrix} P_{11} & P_{12} & \cdots & P_{1n} \\ P_{21} & P_{22} & \cdots & P_{2n} \\ \cdots & \cdots & \cdots & \cdots \\ P_{n1} & P_{n2} & \cdots & P_{nn} \end{bmatrix}$$

转为状态 E_j 的状态转移概率，则 P 为状态转移概率矩阵：

如果被预测的某一事件目前处于状态 E_i，那么在下一个时刻，它可能由状态 E_i 转向 E_1，E_2，…，E_i，…，E_n 中的任一个状态。所以 P_{ij} 满足条件：

$$\begin{cases} 0 \leq P_{ij} \leq 1 & (i, j = 1, 2, \ldots, n) \\ \sum_{j=1}^{n} P_{ij} = 1 & (i = 1, 2, \ldots, n) \end{cases}$$

满足以上条件的矩阵称概率矩阵。如果 P 为概率矩阵，则对任何数 m > 0，矩阵 P_m 都是概率矩阵。如果 P 为概率矩阵，而且存在整数 m > 0，使得概率矩阵 P_m 中诸元素皆非零，则称 P 为标准概率矩阵。可以证明，如果 P 为标准概率矩阵，则存在非零向量 $a = [x_1, x_2, \ldots, x_n]$，且满足 $\left[0 \leq x_i \leq land \sum_{i=1}^{n} = 1 \right]$，使得 $ap = a$。

计算状态转移概率矩阵 P，就是要求每个状态转移到其他任何一个状态的转移概率 P_{ij}（i，j=1，2，……，n），由此来进行预测。

二、高校人力资源需求

（一）人力资源需求预测含义

预测的基本原理是根据过去预测未来，其技术主要是借鉴社会分析领域、行为领域的一些常规经验研究方法。人力资源需求预测是依据发展的要求，通过分析现有人力资源状况，结合实际需要，选取预测方法，对将来一定时期内所需要的人力资源的数量，质量和结构进行预测，进而制定合理的补充计划。预测的前提基础是对内外部环境需要有一定的调查和了解，同时要了解现有的人力资源状况以及对战略的把握。

（二）人力资源需求的影响因素

1. 高校外部环境

影响高校人力资源需求的外部因素主要包括经济、社会、政治、法律以及竞争者等。外部因素的影响主要是间接的通过内部因素发挥作用。

经济环境包括未来的社会经济发展状况、经济体制的改革进程等，它对高校人力资源需求的影响较大，但可预测性较弱；社会、政治法律因素虽容易预测，但何时对组织产生影响却难以确定；技术环境的变化会影响组织的技术水平等，从而间接影响人力资源的需求；竞争对手的易变性导致社会对组织产品需求的变化，也会影响组织人力资源的需求。

2. 高校内部环境

高校的内部环境主要包括高校的战略规划、新学科的增加对高层次人才的需求、高校学科结构的变化等，是影响高校人力资源需求的最重要的内部因素，对高校人力资源需求产生直接的影响。

3. 人力资源自身因素

高校人员的状况对人力资源需求量也有重要影响，如退休、辞职、解雇人员的数量，合同期满后终止合同的人员数量，死亡、休假人数等都直接影响人力资源需求量。

（三）人力资源需求预测的方法

1.定性预测方法

（1）分合预测法

在人力资源需求的预测方法中，分合预测法比较常见，包括为"自上而下"和"自下而上"两种。

自上而下的方式，是由高层管理者拟定组织用人的总体计划，再向各部门逐级下达，各部门修改后再逐级汇总后反馈会高层，过程管理者据此对总体计划进行修正，最后公布用人计划。

自下而上方式，是由高层管理者首先要求各部门根据各自工作任务和设备状况等，预测部门各类人员的需求，然后，在此基础上对各部门提供的预测数据进行综合平衡，从中预测出将来一定时期的人员需求情况。

通常情况下，是将两种方式结合起来使用。这种方法由于受到各层管理者的知识、经验、能力、心理成熟度的限制，使得长期的人员需求预测不是很准确，因此分合预测法通常用于中短期的预测。

（2）情景描述法

这种方法，是对未来一个时期的战略布局、发展状况进行假设性描述，人力资源管理部门结合这种假设进行数据分析，提出合理的人力资源需求方案，来应对外界环境的变化。此种人力资源需求的预测分析方法，一般当环境变化或组织发生改变时使用。

（3）专家研讨法

某些预测对象并不能与量化指标构成直接联系，这时就需要利用"经验判断"进行预测，通常由行业里的专家根据其经验或相对合理的经验数据来分析研判，即为专家研讨法。这种方法常用于预测那些难以量化的业务用工。

（4）工作研究预测法

这种预测方法关键在于对工作进行有效科学的分析，岗位职责和岗位用人标准相对明确，在各个岗位的人员都能顺利开展工作的前提下，便于统筹工作量，以便明确需要的人数。对于结构较简单，职责比较明确的单位，这种预测的方法具有很强的可实施性。

（5）零基预测法

这种方法是结合在岗人员数量，来预测未来一个时间段的员工的需求数量。当员工由于退休、离职等情况造成人员数量减少时，并不会自动被补齐，而是通过人力资源的需求分析，来判定是否需要补充人员。零基预测法，也可以用于创建新职位的情况，这种预测方法要求对人力资源的需求分析务必做的详尽一些。

（6）驱动因素预测法

该预测方法在原理上认为健康发展往往是由于存在某些重要的驱动因素主导的，进而影响人员的配置。使用此种预测方法的关键步骤有：需找内在驱动因素；分析与人力资源需求的联系；预测驱动因素的变化；结合驱动因素的影响，合理预测人力资源的需求。

（7）德尔菲法

该方法也被称为专家意见法、专家函询调查法。对专家组里的成员进行背对背方式征询预测意见，多轮征询之后，专家组的预测意见渐渐的相对集中，最后做出比较符合未来发展走向的预测结论。德尔菲法综合了多方面的专家的意见，可用于人力资源需求的中、长期趋势预测。但是，能否向专家提供足够充分的信息是该方法的难点。

（8）现状规划法

在假定现有人员安排和岗位设置合理，发展方向没有大变化的基础上，以现有的人员情况为基础来预测未来的人员需求，通过员工晋升、降职、退休或辞职等分析，去判断需要补充哪些人，最终得出人员需求预测。这种方法适用于内外部环境稳定的组织。

（9）经验预测法

以管理人员的个人经验和直觉，对组织未来的人员需求进行预测的方法。在组织现有人力资源情况数据不全面的情况下，管理者凭借个人经验对未来的人员配置做出判断。一般来说，这种方法常用的是自上而下（管理者现拟定人员计划后逐级下发给各单位，再由各单位根据自身情况反馈后，最终由高层决定）进行判断的。

2. 定量预测方法

定量预测是通过分析历史数据或某些因素变量的变化规律及发展趋势来预测未来需求的方法。它是基于收集到的比较详尽的历史统计数据，利用某些数学的方法对数据进行一定的加工和整理，从而分析出有关变量之间具有一定规律的联系，再借助这种联系估测未来发展变化的一类预测方法。这种方法并不是完全不考虑主观的因素，只不过与定性方法相比，各种主观因素所起的作用小了一些。在人力资源需求预测中，比较常用的定量预测方法，主要包括以下几种：

（1）趋势预测法

趋势预测法通常需要结合多年的历史发展情况，研究那些对人力资源的需求产生影响的因素是如何变化的，进而人力资源水平的预测，对于不属于研究因素的其他因素，假定均保持不变。一般常用的方法有散点图分析法和幂函数预测模型。

（2）统计预测法

统计预测法是结合历史发展和有关史料，应用数学方法建立模型，然后根据模型预测未来的趋势走向的一种定量预测方法。相对常用的方法包括：比例趋势预测法、回归预测法等。其中回归预测法目前应用较多，该方法是利用统计学原理，找出那些与人力资源需求有密切关系的因素，建立起基于这些因素与人力资源需求之间数量关系的回归方程，综合考量这些因素的变化以及确定的回归方程来预测未来的人力资源需求。当通过回归分析法，把我们要预测的变量和其他能够影响或解释这个变量的变量，联系起来时，它就成了一种因果分析的预测方法。回归预测法根据参与预测的因素情况分为：一元线性回归预测的方法，适用于只考虑一种影响人力资源需求的因素的情况；多元线性回归预测方法，适用于需要考虑两个或者更多影响人力资源需求的因素的情况；当影响因素与人力资源需求量之间不存在某种线性关系时，可以使用非线性回归预测方法。

（3）工作负荷预测法

工作负荷预测法是基于对员工的工作负荷与总体工作量之间比率关系的分析，从而确定工作总量对应的需要工作人员数量的关系。正确预测出总的工作量和员工的工作负荷是这种方法的关键。一般来说，劳动生产率增长情况稳定的单位，可以采用这种预测方法。

（4）定额标准法

定额标准法是一种根据明确的定额标准，结合业务或组织参数，确定员工队伍规模，一般而言，定员标准也包含在此范围内。该方法适用于具有明确定额标准的业务单元用工预测。

（5）趋势外推法

趋势外推法是指按照已知的时间序列，用一定方法向后延伸，以得到未来的发展趋势。所以，趋势外推法也被称作时间序列预测法。该方法又可分为直接延伸法、滑动平均法两种。

（6）预算控制法

预算控制法是在西方较为流行的一种预测方法，它不对某一部门内某一岗位的具体人数做硬性的规定，主要通过人工成本预算来对人员的数量进行控制。

（7）预设比例法

预设比例法是对于一些按照特定分类的员工，通过分析其数量或增幅的一定比例来确定人力资源未来需求量的模型设计方法。

（8）标杆对照法

标杆对照法是参照世界上最佳的行业典范，对比分析自身与典范的经营管理上的指标差距，结合自身发展的主要特征等因素，确定岗位的人数。这种方法在于持续开展对行业一流经营管理全方位评价，不断发现自身的优势和不足，确定改进点。

（9）灰色系统模型

灰色系统理论由邓聚龙教授与 1982 年正式提出，是用 n 阶微分方程对 X 个变量建立模型，对在一定范围内变化的 $=\left[\sum_{m=1}^{1}x_i^{(0)}(m),\sum_{m=1}^{2}x_i^{(0)}(m),...,\sum_{m=1}^{n}x_i^{(0)}(m)\right]$ $(i=1,2,...n)$，与时间有关的灰色过程进行预测。因为灰色系统可以使紊乱的原始序列呈现某种规律，规律不明显的变为较为明显，建模后还可以进行残差辨识，即使历史数据较少，数据分布随机，也能得到较高的预测精度。灰色系统建立的 GM（k，n）模型是对 n 个变量用 k 阶微分方程的时间连续函数模型，通常建立 GM（1，1）模型。计算模型过程如下：

①设非负原始序列

$$x_i^{(0)}=\left[x_i^{(0)}(1),x_i^{(0)}(2),...,x_i^{(0)}(n)\right](i=1,2,...n) \tag{4-1}$$

②对 $x_i^{(0)}$ 做一次累加，即：

$$x_i^{(1)}(k)=\sum_{m=1}^{k}x_i^{(0)}(m)$$

$$x_i^1(k)=\left[x^{(1)}{}_i(1),x^{(1)}{}_i(2),...,x^{(1)}{}_i(n)\right]$$
$$=\left[\sum_{m=1}^{1}x^{(0)}{}_i(m),\sum_{m=1}^{2}x^{(0)}{}_i(m),...,\sum_{m=1}^{n}x^{(0)}{}_i(m)\right](i=1,2,...,n) \tag{4-2}$$

③对 $x^{(1)}$ 构造线性微分方程：

$$\frac{dx^{(1)}}{dt}+ax^{(1)}=u \tag{4-3}$$

上述微分方程的解为：

$$\hat{x}^{(1)}(k+1) = \left(x^{(0)}(1) - \frac{u}{a}\right)e^{-ak} + \frac{u}{a} \qquad (4-4)$$

上式子中 k 为时间序列。

④记参数数列为 $\hat{a}$，$\hat{a} = [a, u]^T$，$\hat{a}$ 可用公式求解

$$\hat{a} = \left(B^T B\right)^{-1} B^T Y_n$$

$$B = \begin{bmatrix} -\frac{1}{2}\left[x^{(1)}(1) + x^{(1)}(2)\right] & x^{(1)}(2) & \cdots & 1 \\ -\frac{1}{2}\left[x^{(1)}(2) + x^{(1)}(3)\right] & x^{(1)}(3) & \cdots & 1 \\ \cdots & & \cdots & \cdots \\ -\frac{1}{2}\left[x^{(1)}(n-1) + x^{(1)}(n)\right] & x^{(1)}(n) & \cdots & 1 \end{bmatrix}$$

$$Y_n = \begin{bmatrix} x^{(0)}(2) \\ x^{(0)}(3) \\ \cdots \\ x^{(0)}(n) \end{bmatrix}$$

其中：由于 GM 模型得到的是一次累加量，$k \in \{n+1, n+2 \ldots\}$ 时刻的预测值，需要将 GM 模型所得数据 $\hat{x}^{(1)}(k)$ 经过累减生成（1-AGO）还原为 $\hat{x}^{(0)}(k)$：

$$\hat{x}^{(1)}(k) = \sum_{i=1}^{k} \hat{x}^{(0)}(i)$$

$$= \sum_{i=1}^{k-1} \hat{x}^{(0)}(i) + \hat{x}^{(0)}(k) \qquad (4-5)$$

$$\hat{x}^{(0)}(k) = \hat{x}^{(1)}(k) - \sum_{i=1}^{k-1} \hat{x}^{(0)}(i)$$

还原模型，可得 $x_1^{(0)}$ 的预测模型：

$$\hat{x}^{(0)}(k) = \hat{x}^{(1)}(k) - \hat{x}^{(1)}(k-1) \qquad (4-6)$$

第二节 高校人力资源战略规划的实施

高校人力资源战略规划指的是以学校总体发展战略为指导，按照学科建设目标的要求，分析本校现有人力资源的素质，年龄与性别结构、学历与职称结构以及创新性学术团队等因素，预测高校发展环境的变化及人力资源供给与需求状况。制订的相应的人力资源规划，包括短期、中期以及长期规划。高校人力资源规划是高校战略规划的一个子规划，它是整体战略规划的中心内容，是实现学校战略目标的重要保证，是保障学校可持续发展的重要手段。对于高校来说其人力资源管理的最核心的内容就是师资队伍的建设。

一、高校人力资源战略实施的对象

传统的高校人事管理对象包括教师队伍、干部队伍和服务队伍三类，也就是我们常说的人事管理的"三支队伍"。队伍建设是高校建设的核心，而教师又是队伍建设的重点对象，教师又是人力资源管理和学校重点培养的对象，尤其是专用性比较强的教师更是高校发展强大的核心竞争力。与此同时，为了使高校的管理部门能够深入高校师资队伍的每个角落，深入各类专业教师中，高校需要根据学校整体发展目标，对人才的类型进行相应规划和进一步拓宽人才管理范围。高校在"三支队伍"建设过程中，首先应该对专业技术人员根据不同的类型进行一一分类，可以将各类专业技术人员分为教学人员、科研人员、教学技术人员及教学辅助人员等类别；可以将干部队伍分为行政管理干部、党群学工干部这两类；将服务队伍划分为服务人员、技术服务人员和管理人员三类。人才的划分能够更加明确每位教员的基础能力和职责。除此之外，人才是需要不断更新的，新的活力需要不断注到教学中，所以高校还有按照组织实际的需求，面向社会广泛的寻找各种级别的特殊人才，充实教学力量，保证高校教学保持新鲜和活力。高校的人力资源管理属于比较宽泛的管理，不存在针对某一部分人的管理。在人力资源开发是要根据不同人员个性和岗位需求，制定因地制宜的策略，循序渐进地对不同类别的人员进行开发，从而保证高校内部整体人员的素质水平始终能够处在行业的优势地位。

高素质专业人才的培养基地就是高校，从战略高度的角度来看，高校需要资源开发和配置力度需要进一步加强，教学职工的潜力需要不断的进行挖掘，最后实现人力资源的优化。这些面对激烈的国际竞争发展需求，对于全面建设小康社会有着重要意义，同时也是开创中国特色社会主义发展新局面的必然要求。

二、高校人力资源战略实施的措施

（一）建立高校人力资源信息管理系统

高校中主要负责组织进行有关人及人的工作方面的信息收集、保存、分析和报告的系统是高校人力资源信息管理系统。所谓系统，就是指为某种目标的实现而将各种比较琐碎、细小和分散的信息进行综合性整理的过程信息系统可以分为人工的和计算机化的两种。一般组织人数在 250 人以下的小型组织，通常会采用人工的档案管理和索引卡系统，这种方式也对于小型组织比较有效的。而计算机化的信息系统通常应用于人数较多的大型组织，人工管理比较费时和麻烦，人力资源信息用计算机储存是一种必需发展。管理者在做决策的时候需要比较准确和及时的信息资料，倘若资料信息存在不足和缺失，可能会影响决策的实施。同时，计算机系统信息的储存同样需要分类仔细，在必要的时候提供所需信息，这样才能发挥计算机的实际的作用。

（二）加强高校人力资源的供应控制

当高校预测了未来的人力资源需求后，下一步就是分析高校人力资源的供应问题。高校人力资源的供应来源主要是外部的劳动力市场和高校内部的现有职员情况。高校人力资源的供应控制主要包括外部劳动力的供应控制、内部人力资源供应控制、高校人力资源内部稳定性分析和高校人力资源充分利用分析。

（三）建立战略人力资源培训与开发机制

高校在开展人力资源管理工作过程中，不仅要关注人力资源管理的效率及质量，更要给予作为人力资源本身的教师及行政职员以重视和支持，让人力资源队伍整体素质和实力都能得到全面提升。一方面，注重和谐工作氛围的营造与建设。强化对科研工作者及行政人员整体思想政治水平的持续提升，积极开展职业道德教育，增强思想精神与意志品质方面的培训与锻炼，同时对外积极联络社会资源，为其开阔眼界与思维提供交流的机会，搭建学术与技术交流平台，促进人力资源在横向与纵向上实现同步发展。另一方面，不断开展教职人员信息化、数字化技能培训，在提升思想道德素质与学科专业知识的同时，注重对人力资源进行信息技术与新媒体应用能力的培养，强化辅助能力的提升，全面构建多层次、多角度的人力资源战略管理机制。在此基础上，高校还要建立学习培训制度、健全考核评价体系、完善激励机制等方面提升行政管理人员的能力，加强对人才晋升机制的建设，为教师与行政人员晋升与职业发展打通渠道，减少人才流失情况的发生，切实将人力资源队伍建设好、保持好、发展好、维护好，使优秀的人力资源持续为高校创造出建设性价值与意义，促进高校人力资源建设与管理的长远发展。

4. 建立以人才战略为导向的绩效评估机制

高校想要提升人力资源战略管理水平与质量，就要从用人方面多倾注精力，巧妙安排部署，妥善发挥不同类型人才的价值与作用，积极主动研究工作方法，创新工作思路，提升人才的工作热情与主动性，全面挖掘人才的潜力与价值。在这些工作思路与方针政策的指引下，高校在实际的管理工作过程中应当逐步建立以战略为导向的绩效评估机制，注重建立战略人才竞争体制机制，营造出拼搏进取、争先创优的良性竞争氛围，通过物质奖励与精神嘉奖并行的方式，激发人力资源内在动力，同时为人才的发展与成长提供优秀环境与文化支撑，鼓励人才为校争光，勇于发挥自身能动性与创造力，为学校创造文化价值，为社会建设与发展贡献智力资源。此外，高校还应根据人才的不同兴趣爱好与特长优势，从个人特质与发展路径相结合入手，将人才妥善安排到最能发挥其效用的岗位上，使人才在工作中拥有良好的情绪，提升事业满足感，减少职业倦怠情况的发生。

首先，做好绩效考核顶层设计工作，针对不同岗位人员特点开展差异化绩效考核，在做好前期调查工作的基础上，充分了解教职工诉求，实行动态化、常态化考评。其次，要将真才实学、现实贡献作为职称评聘的主要考量因素，而非单一地以发表论文数量为评价标准。最后，要创新发展分配激励机制，鼓励优秀人才勇于打破常规，实现跨越式发展，发挥人才队伍建设过程中的"鲶鱼效应"，促进整个团队工作效率的提升，助力高校人力资源战略发展迈上新的台阶。

第五章　国外高校人力资源管理及启示

美国、德国、日本、英国是国际公认的高等教育比较发达的国家，研究他们高校人力资源管理方法，对于加强我国高校人力资源管理的建设具有重要意义。本章分为国外高校人力资源管理模式和国外高校人力资源管理的启示两部分。

第一节　国外高校人力资源管理模式

一、美国高校人力资源管理模式

（一）教授终身制与任期制

美国高校聘任的方式有任期制和终身制之分。任期制是教师和学校签订合同，合同期满后即解除双方关系。如果教师在任期内得到学生和学校管理者的好评，可继续签订任期聘用合同或申请终身聘用。终身制是美国高等教育管理体系中的一个重要组成部分，终身教授的获得有着严格的标准和程序要求。当受聘教授在聘任期内，或是学术成果显著，或是在教学、科研、服务、人际关系等方面表现突出，受到学校领导、教师和学生的一致好评时，才有资格申请终身教授。教授终身制是保证学术自由、稳定骨干教师队伍、吸引优秀人才从事教育职业的有效手段，但这种制度也存在不足。因此，美国各高校目前都在采取积极措施弥补这一不足。

（二）招聘与选拔标准

在美国高校，教师的招聘与选拔实行聘用制。学校完全是根据教学科研工作的需要设立岗位，根据岗位的空额情况和岗位要求向社会公开招聘，根据严格的考核标准和程序通过竞争来确定最合适的教师人选。美国高校在教师聘用中比较注重加强校际的相互交流，各大学一般不从本校刚毕业的研究生中招聘教师，高校即使要留用本校优秀毕业生，也要选送他到外校学习和进修，以避免在学术上形成利益关系网或从年限上论资排辈，避免压抑新教师的教学与科研等情况的发生。

（三）晋升机制

美国高校实行"非升即走"（up-or-out）的淘汰制。"非升即走"规定讲师聘用合同为 1 年，助理教授为 3 年，每年都有被解聘的可能，还可续聘 3 年，在同一岗位最多任教 6 年。到期后，如不能通过专门委员会对其教学工作量、教学质量、科研成果和水平以及学术水平的考察，就得被解聘离校。新聘助理教授如果在 5~6 年内晋升不了副教授，必须自动离开学校。

申请终身职位须具有助理教授以上职称，一般工作 5 年到 6 年左右可以提出申请终身职位，申请者通过考核获得终身职位的成功率一般在 50％左右。对于申请终身职位的教师，申请终身职位如未获批准，须在一年内离职。教师一旦获得了终身制资格，便获得了退休之前永远任职的权利。

在美国解聘教师或教师辞聘都是非常正常的现象。在正式下达辞退通知之前，学校会给即将辞退的教师提供必要的培训机会，还会给教师提供必要的听证程序保护，让教师有自我辩护的机会，从而使得辞退更加合理、科学，增强说服力。

（四）规范化的绩效考核体系

美国高校大多以评估机制来促进教师研究、教学或服务水平的不断提高，各高校都制定了科学化、规范化、制度化的评估指标、体系。评审依据主要是教师的学术成就。首先是教师在顶尖期刊上所发表的文章及文章被引用的次数；其次包括在二流期刊上发表的文章、出版的书籍以及承担的教学量等。评估种类大体上分为：年度评估、申请终身职位的评估、晋升评估。美国高校对教师的考核，除了要求高、考核严之外，考核的标准要求因教师从事专业、岗位的不同而各异，针对性、实效性较强。

绩效考核的结果直接与教师的去留、职称晋升、工资待遇挂钩，因此评估非常严格。同时评估也能及时发现某些教员的不足，给予帮助并促其改进，保持和促进教研的数量和质量。美国高校教师考核的结果是聘用教师的重要依据。

（五）人才市场机制和社会保障机制

在美国，教师的聘用是以全社会、甚至是以国际人才市场为依托，根据市场同类人才的价值确定相应的待遇，进行聘用和建立合同关系的。美国的失业、养老、医疗保险等社会保障体系比较完备，教师可以完全没有后顾之忧地与学校续签合同。一旦合同解除了，只要继续工作，都可以享受相应的待遇和社会保障，所以解聘教师或教师辞聘都是很正常的事情。在这种机制下的教师流动就不是单向性的，而是多元化的，从而形成了高校教师良性的流动关系，确保了高校始终保持着一支有活力和高水平的师资队伍。

（六）全职教师与兼职教师相结合

美国各高校按照学科建设和教学科研需要设置工作岗位。为适应招生人数、科研项目等经常发生变化，也为促进教师流动，高校教师分为全职教师和兼职教师。全职教师和兼职教师相结合是美国高校人才流动机制的一大特点，且兼职教师的比例较高。在美国高校中兼职教师约占到40％。有的高校，如公立二年制学院兼职教师比例甚至超过50％。兼职教师与学校签订合同，承担一定任务，领取一定报酬，遵守学校规章制度，但学校不考虑其职务晋升、终身制、医疗、退休等问题。另外，在美国高校均实行在学研究生兼任助教制度。

（七）自主管理与运作

美国高校的管理系统由直线和参谋两种部门组成，主要部分是直线的教学组织，参谋职能部门很少，只有人力资源、财务、学生事务、筹资和技术等几个方面，没有庞杂的后勤服务部门。因此，行政管理和服务人员数量较少，这样一方面强调每位教职员工和学生都应加强自主管理，另一方面也提高了工作效率。

美国高校是崇尚学术自主和自由的，因此，教师的工作基本上是完全自我管理的，没有人告诉教师应该怎样去教好学生和怎样干好科研工作，除了资深教授有专门的助理外，一般的教学事务都得教师自己完成。美国高校特别强调大学生的自主性，学生学习之外的事情学校一般不管不问。学校管理中广泛利用现代化的网络手段，员工的工作也非常有计划性，当天的工作安排到每时段，哪个时段干什么、接待谁，都张贴在工作岗位旁边的看板上。

二、德国高校人力资源管理模式

（一）德国高校人力资源管理的基本情况

德国高校在教师的招聘、晋升、使用、培养等方面都制定了比较完整的法律、法规和严格规范的程序，在发达国家中具有典型的意义。

1. 关于聘任制度

教师职务的评聘在师资队伍的建设中发挥着十分重要的作用，做好高校师资评聘是建设好一支高素质的师资队伍的关键。德国在教师职务的聘任方面的主要做法如下：

（1）德国高校教师的招聘条件

德国大学的教授享有国家公职人员身份，一般情况下不能解聘，除非学校解散或合并，或者本人犯有严重的过失。因此，对教授的选聘非常严格。其聘任条件包括以下几点：受过完全的高等教育；通常由原先的教学和培训经验加以证明的教育能力；通常由博士学位而得到证明的从事科学工作的特殊能力或从事艺术工作的特殊能力；其他附加条件是至少 5 年的职业实践，在应用和发展科学认识与科学方法中取得的特殊成就。

（2）德国高校教师的聘任程序

德国高校教师的来源主要是从校外招聘，其聘任程序是：第一，成立招聘委员会。其成员主要是来自需要招聘教授的系，主要委员是教授，再加上一名中层人员和一名大学生代表。第二，刊登招聘启事。采用公开招聘、刊登招聘启事的方式物色教授候选人，并说明该职位的工作类型和范围。第三，拟定候选人建议书。招聘文员会从应聘者中挑选 3 位候选人，并让其作个人报告，最后对 3 位候选人写一份关于其学术经历、学术成果、个人专业方面的综合评价。第四，审批。在候选人建议书获准系、校评议会同意后，交给主管高校的州，由该州科学部或文化部的部长做决定。

2. 关于进修制度

在德国，教师的在职进修被看作是促进教师职业化，提高教师整体素质的一个重要途径。德国高校有促进教师进修提高的保障机制：其"费比格计划"中设立了"海森堡奖学金"，目的用于奖励获得高校执教资格的优秀青年学术人员，并资助他们在受聘为教授之前从事校内与其资格相适应的研究工作。一方面，政府和高校在教师培训方面的主要责任是建立教师培训机构免费接受教师参加培训；筹集经费保证教师参加国内外学术会议，组织学术交流活动，组织专题考察和选派国外进修学者等。德国大部分州有专门的大学教师培训机构免费培训高校教师。另一方面，由于德国的高等教育历来崇尚学术自由，教学和科研工作也多是灵活和开放式的。因此，在教师继续教育方面也体现得很明显。如政府和学校只是提倡教师在工作期间应参加再培训，要通过教学科研、学术流动、研讨交流等形式，不断更新和改善自己的知识结构。教师参加培训的方式也很灵活，可以是大课集中学习，也可以是参加研讨活动，远可以采取专题或分组讨论等形式。教师培训的内容实用性强，完全由教师根据个人的实际情况和实际需要来选择。总之，德国在教师资源开发与配置方面有一套科学、规范的管理制度和行之有效的保障措施。

3. 关于薪酬制度

高校教师不分性别、地区、专业、学校，执行统一的公务员 (C 系列) 工资标准。该标准规定，工资由基础工资、工龄工资 (每两年升一次)、地方津贴等几部分组成。德国高校教师由于职称和工龄的不同，年薪有显著的差别，但这种差别并不悬殊。例如，教师中工资最低的助教，其年薪也达年薪最高的 CA 级教授的 60％~70％。高校教师终身享受优厚的医疗保险，国家为他们及其配偶和未成年的子女至少支付一半的医疗保险费用；高校教师按工龄每年享受 26 至 30 天的全薪休假；按工龄、职称、职务和家庭状况，高校教师每月可领取数量不等的补贴；高校教师年满 65 岁退休后，可领取最高可达最后一个月工资 75％的养老金；如果高校教师退休后亡故，配偶和未成年子女可领取相应的补贴，并享受先前同样的医疗保险待遇。

由于德国基本实行的是职务等级制度，根据不同的级别设置不同的工资，在同一级别内基本根据工作的年限递增工资，这种薪酬体系相对而言缺乏激励，容易产生懈怠的情况。因此德国正在着手采取更有激励性的薪酬体系促进教师更努力地工作。

绩效在薪酬决定机制中的作用也在德国的高校中得到重视。具体做法是：根据教学科研人员的特点调整高校教师相应的劳动关系，改革工资体系，建立一套灵活的、具有竞争力的、与个人成绩挂钩的新型工资制度。在新的工资方案中，高校教师的工资仍由基本工资和补贴两部分组成，但减少了基本工资额度，增加了补贴额度 (约占总工资的 1/4)。而补贴的额度则取决于教授的教学质量、科研成果、指导硕士生和博士生的数量、争取外来资金的数量、以及学生对其授课的反应等因素。这意味着教授收入的多少将根据个人绩效而定。

（二）德国高校人力资源管理的特点

1. 教师的任用制度非常严格

高校教师队伍中的新教师要想获得教授职位，需要经历一个"漫长"的过程。在数年内，要高质量地完成教学和科研的工作任务，并撰写出高质量的学术论文，还要参加大学教授备选资格的考试，取得"教授备选资格"。然而，即使取得了"教授备选资格"，也并不意味着已经获得了教授的职位，只有教授职位出现空缺的时候，才有可能被推荐为教授的候选人。例如，高校教师要具有博士学位，教授必须具有"指导研究资格文凭"，申请副教授和教授职位的人必须要分别具有 5 年和 10 年以上教学经历等。

2. 教授培养的过程严格，时间比较长

在德国，教授职位的获得要经历一条充满竞争且存在风险的漫长道路。一般而言，教授职位必须经过多次严格的考试和筛选，而且必须在大学毕业后再获得博士学位和教授备选资格。据统计，获得博士学位的平均年龄为 32 岁，而取得教授备选资格的平均年龄则要达到 39.8 岁。

3. 教授职位的待遇优厚，社会地位较高

根据《德国高校总纲法》的规定："教授可以委任为终身的公务员，不得随意解雇，也可以委任为非终身制的公务员"。但事实上，德国高校的教授原则上都是终身的国家公务员，只有约 5% 的 C2 教授是有期限的职位。德国高校的教授一直以来都拥有较高的社会地位和优越的生活条件，高校中正式教师的待遇在社会各个阶层中都处于中上水平。

三、日本高校人力资源管理模式

（一）教师任职资格制度

日本的高等学校教师具有严格的与学历、学位挂钩的教师任职资格制度。1991 年修订的《大学设置基准》第 14 条规定："教授的任职资格是拥有下列条件之一：具有博士学位；被认定为具有与博士相当的研究业绩者；在大学里任教授的教师；在大学里任过副教授并被认定为具有教学研究业绩者；在艺术、体育等领域有卓越的特殊技能，有教育经历者；在专门领域有特别卓越的知识及经验者。任副教授必须拥有下列条件之一：可任教授者在大学任过副教授或专任讲师者；

具有硕士学位或在根据旧《大学令》设立的大学研究生院学习过三年以上，被认定为具有教学研究能力者；在旧制高等学校、专门学校及认定为同类学校中担任过教授三年以上或担任过副教授、专任讲师五年以上，被认定为具有教学研究业绩者或具有一定的教学研究能力者；在研究所、试验所、调查所内任职五年以上，被认定为具有研究业绩者。担任讲师的起码条件是：可任教授、副教授者，或者在特定专业领域内被认定为具有教学工作能力者。"以上只是日本大学教师职务晋升最起码的标准，具有了学历标准和资历条件，还需要经过严格的筛选和激烈的竞争。

日本高校中的教授、副教授大部分是通过公开招聘、评选录用的。根据文部省的要求及《大学设置基准》的规定，当一个大学的某学部教授名额空缺或者需要增设新的讲座而需要增补教授名额时，首先要在有关的学会刊物上刊登招聘广告，公开招聘教授或副教授，本校或外校的教师均可应聘。对应聘者要看教学与科研成就，还要审查学历、资历、教学能力、科研成果及所发表的论文、著作等。学校成立招聘教授评选委员会，委员会将应聘者的情况向本校教授会报告，经反复讨论、磋商之后，由教授会全体成员投票表决，必须获得 2/3 以上赞成票才能当选。评选委员会将评选结果报告校长，由校长呈报文部省，经文部省审议委员会审议认可，最后以文部大臣的名义任命。

（二）高校教师的任期与淘汰机制

所谓高校教师任期制度，是以从事研究或者教学的高等教育机关的教师为对象，规定其在任期届满之后，必须通过大学管理机关的考核来确定是否可以继续聘任，或者是否将采取"退职"方式不予聘任。从教师方面看，他们可以根据自己的愿望选择待遇和劳动条件，在校外或校内可以参加任何一种职种、职级的招聘，并可自由调换工作。关于教师任职的期限，各所学校规定不一，长则 10 年左右，短则 2 年，不过，大多数学校将任期规定在 5 年左右。而且，虽然不少大学规定任期届满后可以再任，但是再任次数大都被限制在 1 次。这项重要措施促进了人员的流动，不仅可以提供给年轻人更多机会，而且还可以进行对外的人才交流，乃至与企业界之间的人才交换，进一步促进高校与研究机构之间（包括国外）、高校与企业之间的人才交流，提高教师自身能力、竞争意识与从事大学教育、研究的活力，进而推动整个组织管理的灵活性。

从 20 世纪 90 年代，日本开始改革以前的教师终身雇佣制，新实施了教师非公务员措施以及任期制保留了高校对教师的淘汰权的举措。非公务员化意味着教师必须遵守大学规章制度；各高校实行任期制的时间、作为对象的教师和学部、有无再任等具体事项由各大学自己决定，能否再任，不仅要看教师本人的研究业绩，而且还要考虑学生对教师的授业评价和讲义内容等教学业绩。

（三）优厚的教师待遇

日本深受中国儒家师道观的影响，教师这一职业被公认为全社会羡慕和尊敬的"圣职"，有很高的社会地位。高校教师工资是国民平均收入的 1.5—3 倍。日本高校教师还有一个互助工会机构，开展扶助事业、福利事业。日本大学教师每年有一定的带薪休假，享有大学教官研究旅费津贴待遇，从助教到教授可以领到不同数额的年度研究旅行费，大学教授则有国内外长期研修或短期研究旅行等机会。

日本高校对于长期从事基础研究或尖端技术研究，又具有较强奉献精神的教师，以及从教师队伍中优选出来的骨干分子，采取了较好的稳定措施。依靠教师职业的相对稳定性，良好的福利政策及对科研的大力支持来稳定骨干教师，充分满足他们的生活需求、学术追求；同时规定在一个大学里连续工作 20 年，在教学和学术上有特殊贡献的校长、教授等，可由该大学授予名誉教授称号。

（四）人事评价制度

日本对高校教师人事的评价交由"教员人事评价委员会"进行，坚持评价标准和评价结果公开、参加型的互相评价、本人和周围人认可和满意三原则。为了促进每个职员主体能力的提升和业务的发展，最大限度地灵活使用人力资源，促使大学组织的机能高效，引入能力评价和业绩评价这两个新的评价体系。能力评价就是以职务完成能力的发挥度为参照基准，将职务工资与职务能力工资分开，有效地促进教师主体能力的发挥和潜在能力的开发；业绩评价以目标管理的手段为标准，根据绝对评价、相对评价、目标评价和目标达成度等综合指标进行评价。评价结果最终会影响工资及职称。

（五）重视教师的多种经验与经历

1994 年的大学审议会认为，任用在其他大学、研究机构和国外大学等从事过教育研究工作的人员，对于促进本校教育研究的灵活性是极有益的，因此大学非常重视教师在其他学校积累的教育研究经验，重视任用其他学校的毕业生以及本校毕业后在外具有多种经历与经验者。同时招聘大量的外籍教师，即请国外的教授、名人、专家来校讲学或短期任职，这种方式多见于日本国内新增的专业或课程的专业课教师，如环境政策、城市规划政策、国际发展政策等专业就大量聘请欧美教师。

例如，著名的早稻田大学政治经济系从活跃在国际政治现场、经验丰富的新闻记者中选聘教授；日本开放大学的典型—筑波大学聘用美国 IBM 公司主任研究员、诺贝尔物理学奖获得者江崎玲于奈博士为校长。同时，大学研究机构负责人认为，必要时可以把其研究人员以休职等方式（保留原单位隶属关系，不影响退职金等待遇）派往研究组织、民间企业，开展研究活动。正是这些策略共同构成了日本高校人力资源管理机制，反映了日本对高校人力资源的总定位。这些机制的有效实施，保证了大学教师队伍的创造性，从而保证了高校的教育科研质量。

四、英国高校人力资源管理模式

（一）人力资源管理理念

高校的发展使命和战略愿景是高校人力资源管理实践的重要指南。一般而言，一流的高校拥有一流的价值理念和管理办法，如英国剑桥大学的发展使命是寻求和确保学术思想的自由，立足建构世界一流的学术高地。

为了促进这一建设愿景的实现，剑桥大学形成了包容多元的大学校园价值观。学校的人力资源部门本着人才优先的发展思路，为社会人才打开平等竞争的空间。特别在师资的招录与晋升中，将个人在学术研究、教学育人成就、特殊岗位技能与岗位责任要求以及学校的组织章程、管理制度对照考核，即便是个人犯过错误，甚至触犯法律，只要其认真改过，而且专业技能优势符合剑桥的人才招录岗位需求，剑桥也会择优录取。在剑桥，如果教师受到行政打压，职称评定中受到不平等待遇，工作中遭受性骚扰等，也可以按照程序向学校人力资源管理部门提出申诉。总而言之，学校在高度重视人才专业技能的同时，还致力于消除一切来自性别、种族、年龄上的歧视，从而实施统一公平的政策。

（二）人力资源管理制度

英国的人事管理立法工作正朝着全面、系统、深入的方向发展。20 世纪 70 年代起，英国颁布的人事管理立法从最初的 12 项，迅速增长到 90 年代的 34 项。进入 21 世纪后，英国又相继出台了 40 多项人事立法，这些立法包括雇佣法案、薪酬法案、雇佣培训法案、就业公平法案、工作与家庭法案等，而英国高校的人力资源管理制度在相关法律的约束和规范下，不断得到完善和细化，使得人们感觉到英国高校人事管理部门的职能变得越来越规范和专业。

英国高校人力资源部门在学校内部的组织结构中的战略地位得到显著提升。原先大学的人事主管很多事情不用直接向校长汇报情况，自从高校成立专业人力资源管理部后，人事主管被要求直接向校领导汇报情况，参加院校高层领导的决策会议，加强与各院校领导的沟通联系。

英国高校人力资源管理部门的设置更为精细，致力于为高校人才提供更加专业的人力资源服务。如剑桥大学的人力资源部专设机构，分管负责员工薪资、健康体检、养老金、职业发展规划、人力资源信息档案、申诉处理等服务。

高校人力资源管理者的专业化程度有明显提升。英国的高等教育研究专家华纳等人经过研究发现，英国高校人力资源部对职员的专业化程度要求愈来愈高，一些没有人事工作经验，不具备从事人力资源管理资质的领导和员工，被调离人事管理岗位，人力资源部门自身的人才引进制度、淘汰制度变得更为严格规范。

（三）人力资源管理职能

英国高校人力资源部门严格遵循大学章程和相关职业法规来设计人才引入、薪资待遇、绩效考核等方面的政策、程序及行动方案，并在职位分析与评估、人才遴选与面试考察、职员培训与发展、绩效与薪资管理上积累了丰富的经验。

第一，英国高校基本实现了科学统一的职位分析与评估制度。职位分析是对于高校的教师岗、行政岗和后勤岗的职位职能提出的标准要求。当下的英国高校实施的是由非营利性联合团体教育联合有限公司(HERA)协同英国高等院校联合会开发设计的统一工作录用评价方案，以公平一致性为原则，确定和评估高校各岗位的职责，形成可量化的分数标准。而这套统一的职位分析与职位评估量表与高校各部门岗位人才的引进、绩效考核、任务分配、员工薪资核算存在密切的关联，这有利于高校人力资源的规范管理和内部公平。

第二，英国高校执行的是公平公正的员工遴选与面试机制。如牛津大学在招聘中就以应聘广告的方式实行全世界范围内的人才募集计划，且看重招聘工作流程的公平性和择优性。为此，牛津大学明确提出，职员招聘绝对不允许涉及裙带关系或者特殊利益照顾。

第三，英国高校十分重视员工的培训工作。英国高校普遍在人力资源管理部门下设员工发展中心，针对学术型员工、行政性员工和工勤类员工分层分类做好培训工作，重点是协助各类高校职员突破个人职业发展的瓶颈，促进职员提高工作绩效，以实现更好的自我发展来增强职员满意度。除此之外，英国高校还要求人力资源部门强化专业技术人员的业务能力培训，重视发现和培养有潜力和志向的教育管理者。

第四，英国高校更多采用约束性与自主性相结合的绩效管理模式。即在强调传统绩效管理在规章条文对员工的约束作用时，也增设了很多体现专业技能发展的弹性指标和专业创新指标，这样才能确保大学教师和员工工作的积极性。

第五，英国高校通过互联网大数据平台实现了人力资源管理部门同职员的零距离接触和精细化管理。高校员工通过平台可以明晰知道学校对员工的薪资福利方案、岗位绩效考核方案、职称评审制度，广泛参加在线专业课程培训，实现校内的良性竞争和有序互动。

第二节　国外高校人力资源管理的启示

一、美国高校人力资源管理对我国的启示

（一）美国高校人力资源管理机制宏观层面的启示

1. 打通高校教师流动链

目前，我国高校教师在人员流动方面存在一些问题，其原因是由于缺乏理性且合理的教师流动链，教师高频进入低频退出，导致高校内教师的数量只增不减，不仅难以把控数量，而且也很难保证质量。高校内合理的教师流动不仅有助于人力资源配置和管理效率的提高，而且还能及时将合适的人才输送给高校，与高校的学科建设、人才培养及大学的深远发展息息相关。

所以，高校需要从"教师进入—教师维持—教师退出"这三个环节出发，从人员流动的角度构建高校教师人力资源管理机制，打通教师流动链，进一步从数量和质量上管理高校教师资源。

2. 推进高校用人机制法制化、章程化建设

美国公立大学拥有规范性的大学章程制度，以章程为戒尺来约束机构内人员的各项行为，人事制度就属于规范性的章程的一部分。我国高校要进行人事改革，首要的就是要以大学章程为蓝本制定出具有约束力和规范性的人事章程，章程需

要包括教师用人管理的各环节、各环节是如何具体运行的、各环节在运行时不同参与者和机构在其中的职责和权力边界是什么等。制定好的章程需要被公示，章程所具有的约束力和法制性需要由地方教育系统明确，从而确保所有有关人事管理的行为可以被约束在章程框架内，否则所有的改革都不具有实际的约束力，也就对现状不具有任何的影响力。

（二）美国高校教师人力资源管理机制具体环节方面的启示

1. 教师进入

（1）重视人力资源计划的作用

人力弹性理论说明了组织对人员结构和数量进行灵活的调整可以提高对环境的反应度。目前我国也在逐步废除编制制度，开始对这种以规定数量指标用人的制度进行改革。所以，我国高校在教师人力资源管理上可以考虑将比例指标纳入人力资源计划中，在维持各类教师合理且稳定的比例的基础下审核人力资源计划，其中至少需要包括师职比、师生比等与高等教育发展相关的比例，具体比例指标可以借鉴西方国家对于正常开展教育工作所维持的比例。因为比例相比数字来说能更直观地反馈各群体的变化关系，比例稳定也并不意味着数量固定，在不同的数量组合下可以维持同样的比例，相较于之前的编制制度也更具有灵活性。

（2）建立正规且严格的招聘审核程序

人职匹配理论说明了人—职匹配在入职决策时的重要性，我国要建设正规的教师招聘程序就需要从审核环节开始，所有的招聘计划上报时需要一并提交岗位说明书，该岗位主要的工作内容、工作职责、工作所需能力要求等需要在说明书中一并明确，在审核候选人资料时严格以岗位要求为基准进行因岗招人。与此同时，还需要在常规背景审查时根据不同类型的教师岗位有差别地规定差异性审查条件，尤其是一些专业性较强和工作性质特殊的岗位，需要规定必要的专业证书、资格证书和特殊要求。审核过程中还需要引入多方共审机制，新任教师的进入尤其需要同院、系教师的参与以进行"同行审核"，增加审核的科学性和透明性，避免行政团队全权操办。最后就是必须落实试用期制度，在试用期内可以全面观察备选教师的各项表现，对表现不佳者予以淘汰是合情合理的一件事，试用期制度运用得好可以避免很多因冲动用人导致的不合适教师进入情况，因此高校必须对新入职教师实行一定期限的试用期，守住教师进入的最后一道关卡。

2. 教师维持

（1）构建正规的高校兼职制度

兼职制度涉及多方共享，而目前我国高校大多是自主摸索，缺乏规范化和统一化的管理，导致实际共享效率及效果不佳，所以未来我国需要针对兼职制度的具体运行出台有针对性的宏观规定，至少应该包含对高校兼职教师的选拔条件及过程、绩效考核、薪酬制度等内容。同时各个高校还应该针对本校教师作出具体的兼职指引以确保兼职制度不影响本校的常规运行和教学工作。最为重要的是，高校需废除"双肩挑"的共享习惯，因为学术和行政工作从本质上看使命是不同的，法定的学校的使命是教学、科研和服务，很明显属于学术人员的是教学与科研，那么对行政人员而言就是服务，认清使命并就此达成一致的意见，通常被看作建立责任制度的基本原则。正是由于"双肩挑"下学术和行政两种使命交织在一起，才导致教师的责任不清，也就无法完全履行自身任务。

（2）对高校教师实行分类管理

过去我国高校普遍对所有的校内教师实行同一种管理方式，这其实是一种"懒管"的做法，因为分类就意味着差别，意味着多种制度并存。分类管理的优点贯穿了整个教师流动的过程，既有助于人力资源规划中对不同类型教师的比例研究，也能够提高人员共享的有效性，还为教师流出打下了基础。因此，我国高校可以根据教师所承担的具体任务与擅长领域进行教师分类，并且兼顾我国大学社会服务性的特质，将教师岗位大体分为教学科研并重岗、专职研究岗、专职教学岗、社会服务岗等四类，各高校可根据实际情况进行细节的调整。我国还可以借鉴美国的经验，在当前编制制度下终身教职制的基础上进行改良，所有教师在晋升为教授之前采取合同制管理，到期依据考核结果和表现进行续约，晋升为教授后可以进行终身教职的申请，学校以公开、严格的评审制度对教授的教学贡献、科研成果等方面进行评估，评估通过后则可以获得终身教职。同时，配合终身教职后评价制度进行再考核，后期未通过则予以取消终身教职，进而实现稳定性和流动性的结合，也有助于提高我国高校教师的危机感和竞争感，对教师提高自身能力起到促进作用。

（3）提高培训发展对教师升级的实际作用

在迈入知识经济时代后，管理者开始意识到组织最关键的驱动因子归根结底就是组织中的人员，其中一个重要的环节就是"员工塑造"，组织塑造员工是为组织培养储备人才，提高员工的利用率。所以我国高校在建设教师发展机构后要积极利用此类机构对高校教师提供多样、务实、有针对性的培训以更新教师的知识和能力，同时也可以予以一些政策支持，例如，适当地为参与培训发展的教师提供资金补助或支持。

3. 教师退出

（1）构建全面的绩效考核制度

由于过去实行终身制任职，绩效考核在我国高校内的作用并不突出，因其结果并不会影响教师的去留，但如今要构建教师流动框架，教师需要进行定期且有序的流动，因此我国高校需要建立起全面的绩效考核制度。

在改革当前的考核制度时需要注意以下三个方面。一是考核内容需要区别化设置，对于不同类型的教师需要有不同侧重点的考核，不同学校既可以根据对本校教师的要求调整各绩效指标的比例，也可以根据教师的类别调整各指标的比重。二是考核主体需要多元化，高校需要引入多方评价机制，将过去由行政机构垄断的评价权力分散给利益相关主体，将考核主体扩展至同行评价、自我评价、学生评价，并且还需要特别引入系主任评价以增加学术权力对绩效考核的作用，以此增强考核的公平性与客观性。三是考核功能需要全面化，考核不仅用于奖惩评判，而且还需要有更全面的功能性考核供各项决策参考，可以参考美国将考核细分为年度考核、晋升考核、终身制考核和终身制后评价考核，从而为各项考核都提供专业性的参考依据。

（2）进一步落实高校教师非终身制

我国高校过去教师大量囤积的最主要原因就是占高校最多比重的教师都近似为终身制，缺乏退出机制导致高校教师只进不出、只上不下，数量自然会逐渐膨胀。我国有部分高校在过去仿照美国实行了"非升即走"制度，出现了部分教学效果极佳的教师因未得到晋升而被淘汰的不科学现象，遭到了许多学生的抵制，这一制度在引入我国的过程中也是充满着争议的。因此，就目前来看，完全的照搬是不科学的，高校在对教师实行合同制的前提下，还应有针对性地借鉴美国"非升即走"制度并用于对高校新入职讲师和助教的考核上。考虑到部分教师授课效果很好但却不一定有很强的研究能力，强行要求其晋升既不科学也不够灵活，所以高校还需要配备部分专职教学岗，以供这些在教学方面突出的教师调整岗位，避免人才的流失，但是专职教学岗的比例需要严格控制，否则又会滋生新的问题。

二、德国高校人力资源管理对我国的启示

（一）有担当的管理者

在现有体制及社会环境下，中国教育尤其是高等教育需要的不仅是高节清风的管理者，更需要有民族责任感和事业使命感的领导群体，他们既要对国家发展和教育提升有远见、有抱负，也要具有实现其理想的韬略、毅力和操守。突破现有僵化的教育体系，这需要一群任重致远、才能兼备的管理者完成大学精神之复兴。

（二）科学的人才评聘制度

高校人力资源课程改革需提高教师的实践能力。

1. 修正人才评价标准。现有的学术评价体系大多为定量指标，对人才的评价过于单一和刻板，无法综合体现其价值和潜力，有时直接成为鱼目混珠者的可乘之机，对学术团队或组织的评价也有类似的问题。

2. 建立高度开放性和竞争性的高校教师市场和流动机制教师队伍的素质直接影响学校办学品质与生存机遇。

3. 优厚的待遇与合理的薪酬体系。优厚的待遇保证了师资质量，优良的师资带来学生对老师的尊崇，学生的尊崇又使老师社会地位提升，结果是待遇又继续提高从而形成高校师资的良性循环。

（三）合理的晋升评价体制

对于激励问题进行过深入研究的哈佛大学的戴维·麦克莱伦指出，人有三类具有激励作用的基本需要：权力的需要、归属的需要和成就的需要。满足不了个人的基本需要，就不会有激励作用。在当前的形势下，首先要增强契约意识，建立关系规范，强化道德约束，尤其要尝试完善声誉机制，建立"声誉组"，使良好的声誉不仅能体现个人的成就和价值，而且还要成为提升社会地位和生活品质的重要标准及依据。其次要关注激励惩处的落实，惩恶劝善，信赏必罚应该成为高校激励机制的核心和共识。

（四）深化教师评价制度改革

高校要基于自身的实际情况，深化人事制度改革，不断完善聘用制度及岗位管理制度，使新的用人机制能够适应高校发展现状，满足其在用人方面的灵活性

特征。重视教师的职业道德建设，加强教师的职业理想及学术规范等意识培养，使高校教师具备良好的学术道德。健全教师岗位管理制度，对于教授为本科低年级学生授课的情况，需完善相关制度，提高授课效果。健全教师评价标准，在教师考核内容中纳入师德表现及工作实绩这两项指标，以教学效果为基础来评判教师的教学质量，以此对其进行考核，使教师能够潜心治学，树立好榜样，并对教师起到有效的激励作用。

三、日本高校人力资源管理的启示

随着我国社会经济的发展，高等学校的社会地位和运行环境发生了变化，高校不再是一般意义上的教学科研单位，它已成为社会生产力和生产关系的重要因素，国家创新体系和科教兴国的主力军，处于经济社会发展的基础地位。高校人力资源的状况和使用效益如何，不仅关系到高校作为一个独立的法人实体的实力和发展潜力，也关系到我国高层次人力资源的培养和利用，关系到国家和社会的进步和发展。所以，我们不妨依据我国国情和高校发展实际，借鉴一些日本高校人力资源管理的先进经验，从而加强我国的高校人力资源管理改革。

（一）革新管理理念

作为社会上层建筑的高校管理理念，具有相对独立性和超前性。随着我国物质文明、精神文明和政治文明建设的发展，必须及时对我国高校的管理理念进行革新。

在新的形势下，旧的高校管理理念直接或间接地阻碍着我国高等教育事业的发展。这些要破除的旧观念是：官本位思想、校本位思想、事本位思想、消费组织理念、非法人治理理念等。与此相对应，必须解放思想、实事求是，树立新的以人为本理念、国际化理念、创新教育理念、终身教育理念、教授治校理念、大学经营理念和知识经济观念、自治组织观念等。

（二）严格教师准入资格

教师资格制度是提高教师地位和专业化程度，实行教师聘任制的基础。应结合教师队伍建设的需要，在学历与能力等方面进行严格规定，建立符合高等学校实际的高校教师"准入"制度，逐步实行公开招聘，建立人员流动和淘汰合同制。在教师准入方面，要大胆借鉴日本和其他发达国家的经验，尽可能地避免学术上的近亲繁殖。

完善高校教师聘任制，具体可以从以下几方面着手。一是打破传统观念，变"人才单位所有制"为"人才社会所有制"，使人才的"所有权"与"使用权"分离，逐步实现高校人才资源配置市场化，人员使用契约化，服务保障社会化，实现用人由身份管理向岗位管理的根本转变。二是正确认识高校教师聘任制中"按需设岗、以岗定编"的原则，决不能先定编再设岗。三是加强对考核的可操作性研究，切实制定科学合理的考核指标体系和办法，严密考核程序，使考核结果更加公正、可信，真正成为聘任教师和奖惩教师的科学依据。四是进一步完善高校教师聘任制的相关政策法规，使这一制度早日走向规范化、法制化。五是建立健全以失业、养老和医疗保险制度为主要内容的社会保障机制，妥善安置聘余人员。六是要提倡和鼓励教师跨校供职、任课或与企业合作开展科研攻关。高校之间互聘、联聘教师，增强校际、学科间的合作，逐步建立高校教师资源共享机制。正确认识和处理教师队伍的稳定与流动的关系，在竞争中优化，在动态中发展，逐步建立与市场经济体制相适应的合理的教师流动机制。

（三）改革薪酬福利制度

薪酬福利制度是关系到职员工切身利益的重要制度，必须认真对待，妥善处理。结合我国高校的实际情况，基于提高教职工积极性和稳定队伍、吸引人才的管理目的，应该在继续提高教师工资的基础上，实施"年金制度"。

"年金制"是我国自 2004 年 5 月 1 日开始实施的一项社会保障政策，其具体内容是：企业及职工在参加基本养老保险的基础上，还可按照量力、自愿的原则参加补充养老保险，这一养老补充交费由企业和职工个人共同承担，基金存入个人账户，待职工退休之后，可在基本养老费之外，再领取一笔养老保险费。

在高校教师中实行年金制，不仅包含补充养老保险这一内容，而且是对个人在单位所做贡献的肯定，也是对学校财富或资源所进行的有利于教师的一种再分配，有助于高校保持一支稳定的骨干教师队伍。

此外，高校年金制还应配套年薪制度，因为年薪制之于月薪制，在目前更具可知性和可比性。现行的教师月工资标准制定的时间比较早，未能全面反映这些年国家和单位经济状况的变化，并且在人们每月的实际可支配收入中，月标准工资只是其中的一部分或一小部分。因此，将每月各种各样的实际货币收入加总而形成年薪，有利于人们进行收入比较，提高单位对人才的吸引力。

四、英国高校人力资源管理对我国的启示

英国高等教育同我国高等教育存在一些差异，但是在提高高等教育的办学质量、改善教学条件、提升广大教职员工的工作积极性等方面的目标是趋于一致的。中国高校可以借鉴英国高校人事管理服务的相关经验，推动自身人力资源管理的科学化、人性化、专业化和信息化水平，更好地实现公开、公平、公正的办学价值主张。具体而言，应该与时俱进，树立"师资为本"的管理理念；优化配置，提升高校人力资源的综合利用；引入竞争，健全高校专业人才的引用机制；全面评估，落实高校人力资源的绩效考核；改革创新，重塑高校人力资源的激励制度；科技主导，利用大数据实施人力资源管理。

（一）树立"师资为本"的管理理念

英国高校人力资源管理注重"以师为本，学术优先"的理念。正是看中高校学科建设中从事教学科研人才的宝贵性，所以英国高校的人力资源管理在制度设计和柔性管理上更偏重师资队伍的建设，即充分考虑教师学术研究的稀缺性和个性需求的多样化，给予高级人才更多的教学科研自由度和后勤保障，利用一切激励手段来调动师资队伍的创造性、积极性和主动性，最大限度地提高高校人力资源管理的效率，提高高校的声望。

为此，中国高校也要真正从办学理念和人力资源管理方式上树立以教师为中心的发展方向，将高校有限的资源向以教师为核心的专业技术人员倾斜。而其他行政后勤人员要清楚意识到自身职位的辅助性地位，一切行政工作的重心必须围绕科研教师队伍的服务而展开。

（二）提升高校人力资源的综合利用

高校人力资源的优化配置要科学合理地利用教师队伍，让行政后勤人员可以更好地服务于高校教师从事教学科研活动，从根本上提高高校人力资源的利用率。首先，高校的人力资源管理部门要科学规划专业技术人员的职业发展道路，减少专业技能人才不必要的岗位流动，提高人力资源的利用率。其次，要优化人力资源配置的结构，重点做好人力资源数量、素质和整体结构规划，提升教学科研人员在职工中的比重。同时，高校作为人才的聚合体，它的人力资源管理部门必须要管理好固定人员和流动人员；在重视专业技术人才使用的同时，也要做好部分人员的专业技能培训和在职教育，为高校建设提供优质的人力资源储备和服务。在教师队伍的建设上，人力资源部门一定要和专业院系加强联系，重点关注和服

务于高精尖的学科带头人和学科骨干精英，从物质和精神上给予最大的支持，同时要打造一支事业心强的行政后勤管理队伍。

（三）健全高校专业人才的引用机制

人才引进是增强高校师资力量的重要环节。首先，高校的人事主管部门要协同各院系建立科学的人才评价标准，有条件的可以仿效英国高校建立一套符合办学特色要求的专业技术人员职位分析标准，对高校的教师岗、行政岗和后勤岗的职位职能提出规范性的要求，以此作为高校急需人才引进录用的重要依据。其次，高校人力资源管理部门要加强对专业技术人员聘用流程的监管和审核，突出以专业技能为重点，防止出现人际关系因素的干扰。再次，高校要深入推进全员聘任制的改革实施，严格按照平等竞争、择优聘用、严格考核、合同管理的要求，将竞争上岗作为聘用制的核心环节来狠抓落实，逐步完善淘汰机制。最后，高校要加强人力资源的编制管理改革。中国高校要利用后勤服务市场化改革的机遇，将后勤服务人员推向市场，采取企业管理模式，提升后勤服务管理岗位人员的竞争性。

（四）落实高校人力资源的绩效考核

绩效管理是高校人力资源管理的重要环节，人力资源管理部门既要针对专业技能岗位标准来量化人员考评期的工作业绩，也要通过定性的方式来考评职工的工作质量。

第一，要确定考核目标，重点在于确保和提升教学科研人员的教学质量和科研水平，提高行政人员和后勤人员的综合管理能力和工作效率。

第二，仿效英国高校更多采用约束性与自主性相结合的绩效管理模式，要针对不同的专业技术岗位，制定规范性的专业考核标准。例如，对于教师的考核，应该强化教学效果、学生满意度等定性指标的考核，对于教师学术论文的档次评定和重大课题的项目结题上要设置严格的条件，防止出现学术质量的滑坡，确保考核的全面性和公平性。

第三，在绩效考核的结果上要公正公开，便于各类型人员的对比和申辩。同时，公开考核结果能够让考核结果较好的专业技术人员受到激励。而对于那些考核结果不好的专业人员，也能触动他们发现自身工作和能力的不足之处，进行有针对性的调整和纠正，以期在新的考核期间拥有更好的表现。

（五）重塑高校人力资源的激励制度

良好的激励制度可以让高校专业技术人员更好地发挥自身的主动性和创造性，在自己的本职岗位上做好工作，目前，高校必须通过改革薪酬激励体制，来激励专业技术人员为学校教育事业创造最大的效益。一是要调整专业技术岗位的工资结构，增加激励性工资在工资中的比重。二是高校的激励要采取物质激励与精神激励并重的方式，以更好的项目课题奖励标准来提高教师在教学科研进程中的自由度和创新性。同时也要让一批有学术地位的教师积极参与高校建设的总体规划和重大决策，让教师感受到学校对自身意见的重视。三是高校要强调差异化的薪酬激励制度。只有合理拉大不同专业技术岗位职员的收入差距，才能让高校中能力不同、付出不同的教职员工感到公平。

（六）利用大数据实施人力资源管理

大数据时代，中国高校人事管理部门要通过全面收集高校各类人力资源数据，分析高校人力资源的现实配置状况，预测未来规划中的人力资源发展趋势，更好地促进学校人力资源优化配置。让高校的人力资源管理真正步入定量分析、科学管理的正轨。一是高校的人事档案信息管理系统要多渠道、全面收集校内专业技术人员信息数据。二是高校人事部门要学会用大数据资源和大数据技术来研究分析人力资源与岗位间的内在关系，实现人员岗位的精准匹配。三是通过对高校专业技术人员实时信息和多渠道信息来源的获取，实现公正可量化的绩效考核，确保定制化的激励措施执行到位。四是通过高校人事档案管理信息系统，为高校专业技术人员提供定制化的服务和培训。

第六章　新时代高校人力资源管理改进策略

高校人力资源管理的好坏直接关系到高校日常运营的实际质量。高校应强化人力资源管理，合理配置高校人力资源，加大资源开发力度，更充分地挖掘人的潜能，激发人的积极性和创造性，对促进高等教育事业的发展起着重要的作用。本章分为高校人力资源管理体系的构建和高校人力资源管理的改进策略两部分。主要包括高校人力资源管理体系的构建原则、高校人力资源管理体系构建的指导理念、构建"互联网＋"高校人力资源管理新模式、高校人力资源管理效能提升的路径等内容。

第一节　高校人力资源管理体系的构建

一、高校人力资源管理体系的构建原则

高校人力资源主要由一线的人员、行政管理人员、后勤服务等组成。高校人事管理的优化是指为达到高校教学目标，针对人事管理的每个组成部分的自身特点，对高校教职员工在时间和空间上进行有效组合，对每个教职员工能进行统筹规划、有效分析、合理评聘、激励等，便于与其他资源有机结合，提升高校人事部门管理的效率，提高高校的办学效益，达到高校人力资源管理体系的目标和方向。

高校教职员工安排既是教育机构人事制度制定的出发点，也是它最终的目的是要使教职员工适合本单位的特点，改善自己部门的工作效率。高校人力资源配置的合理与否直接关系学校其余资源是否能够合理的配置使用，而且是决定高校是否可持续性发展并稳固的重要因素。

根据中国高校的实际情况，高校人力资源优化配置主要是从以下四个方面考虑：

第一，配置自主权。高校可以根据本单位的发展战略和目标自行安置其人力资源。随着高校教育体制的不断进步和市场经济的广泛深入，高校人力资源配置的决策权逐渐由政府主导和控制向高校自主选择过渡，高校的人事自主权和人力资源配置权作为高校办学自主权的一部分不断加强和扩大。高校拥有办学的自主权，是指高校组织独有的个性和意愿。他的要求是与构建教育制度关系重大的，《教育法》和《高等教育法》中规定了大学办学自主权的方式和方法，其根源是把中国的宏观教育权变化为微观的大学经营权，可以具体实现中国的相关方针和政策。

第二，配置目的和原则。任何一个高校的人力资源管理都追求最大限度地发挥人力资源的作用，产生较大的经济效益和社会效益。教育组织作为一个特别的部门，可以采纳其他组织人力资源管理的先进经验，采取能级对照、优势安排、动态调整、内部为主的理论来安排和优化人才队伍。同时，高校作为社会非营利性组织，不存在追求利润的最大化目标和人力资源配置的成本最小化。所以，高校不能一味地降低成本，在关键的岗位特别是教育研究岗位一定要安排品德良好和业务过硬的人才，保证人才健康成长和业务水平提升，保证高校教育事业向着正确的方向发展。

第三，配置基础。优化的岗位配置是高校人力资源管理的基本工作，更是高校人事管理工作的重点。在高校人力资源配置过程中，要根据学校日常工作，科学明确地确定岗位的种类和数量，比如确立教学岗、科研岗、教学科研岗。在保证正常教学科研工作和人的能力与岗位要求相对应的前提下，按照最小的需求设置岗位，进而安排最合适的人员配备，实现人与职位的最佳配置和组合，追求配置效益的最大化。

第四，政府影响，政府通过政府规划对高校的人力资源配置产生影响。政府作为办学者和资金提供者，直接管理、监督、评价着高校的人力资源配置。近年来，随着高校自主权的逐渐扩大，学校已经能在人员培训、绩效考核等方面拥有充分的自主权，但是在专业设置、招生数量、招聘计划、人力资源配置政策等方面还是列入政府的整个计划安排，需按照政府的规划实施，不能充分享有自主权。高校应当从自己的实际出发将学校的意见、方案报上级部门，并取得同意和支持。

（一）系统优化原则

系统优化原则指的是人才系统通过组织、调控、运作、控制，使它的整体取得优化的原则。人力资源管理作为企业管理的重要一环，必须有利于企业整体目标的实现。整体目标，不是简单的等于各部门目标的代数和，必须在大于部分功能之和的各值中取其最优。这就要求学校的所有教职工和各职能部门密切配合，使人力资源的状态达到最佳，一切为了学校规划目标的实现，使得各部门的设置配合产生系统优化的效果。

（二）互补增值协调优化原则

因为资源系统中的个体具有多样性、不同性，所以在整体中通过对水平、个性等进行取长补短，可以在一定程度上体现个体的优势，形成整体的优化。

互补的原则主要有以下几个方面：

第一，知识互补。高校不同学历、不同专业的教师，思维方式不同，在专业领域方面的研究也存在差异，将各个理论水平的人才进行组合，将他们互补配置，很容易引起思想方面的碰撞，从而使得整个系统的知识体系更加全面合理。

第二，是经验互补。在高校中，教师由于工作、年龄等的差异性，在工作经验、对问题发现和解决的能力上存在不小的差异，因此将不同经验的人才有机结合，能够提高学校的工作效率。

第三，能力互补。即一个单位集中了各种不同能力的人才，各种不同能力的互补将使整个系统的能力结构更加合理。

第四，是性别互补。要发扬男性胸怀广阔、坚韧的一面，又要体现女性细心、耐心的一面，各展优势，发挥优势。

第五，是年龄互补。完整的组织结构中，一定要有见多识广、成熟稳重的长者，也不能缺少富有精力、反应敏捷的中年人，更要有敢于拼搏、勇于创新的年轻工作者。不同年龄优势的人取长补短，工作的效率会更高。

（三）成本原则

成本原则是指在系统优化过程中，利用最少的人力资源成本，获取最高的经济效益和社会效益，来满足学校的发展。在高校的人力资源优化管理中，要从引进人才开始就严格按照规划要求和学校需求，对高校人力资源进行有效组合，根据工作的需求合理安置学校的员工，利用每个人的特长，充分体现每个成员的能力，以达到最高的效益。

（四）优胜劣汰原则

高校要建立一套科学的考核体系和标准，对教职员工进行绩效评价，要做到

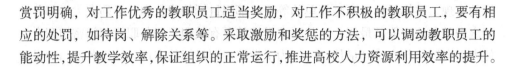

赏罚明确，对工作优秀的教职员工适当奖励，对工作不积极的教职员工，要有相应的处罚，如待岗、解除关系等。采取激励和奖惩的方法，可以调动教职员工的能动性，提升教学效率，保证组织的正常运行，推进高校人力资源利用效率的提升。

（五）短板原则

高校是由不同的院系组成的，教职员工的水平和能力存在很大的差异性。依据木桶原则，通常是水平最差的员工影响了整体的水平。因此，在高校人力资源优化配置中，应充分应用短板原则，努力提高考核分数较低的教职员工的业务能力、学术水平，做到有针对性的管理和提高，才能提升高校的整体能力。

二、高校人力资源管理体系构建的指导理念

（一）科学的人力资源管理观念

正确的观念是人力资源得到合理利用的关键。高等院校是否能形成科学合理的人事制度管理观念，主要在于学校的高层领导者是否特别重视，人事管理工作者的观念是否能加以改变，所有教师和员工能否加以认同。因此，学校高层要牢固树立人力资源是第一资源的理念，从建设特色鲜明的综合性大学的战略目标出发，以提高人才培养质量为核心，深入实施教学立校、科研兴校、人才强校战略，使人力资源管理的目标与学校整体的战略目标相融合，并积极促进战略目标的实现。

人事制度的制定要立足长远规划的层面，积极研究并了解人力资源的详况，为组织的管理者及时提供实用的教职员工个人信息，参与学院人事制度改革，积极开展学院人事制度改革的研究和实践，将人力资源管理从事务性管理向以人为本转变，真正做到以人为核心，积极发挥不同岗位教师在学校中的主体性作用。具体来说就是建立四个机制，一是用人机制均衡化、动态化，保证人员的合理配置及流动；二是激励机制更加完善，针对教学、科研分别出台了不同的激励措施，并将正面激励和负面激励相结合，充分调动教师的积极性；三是建立科学合理的考评机制，建立自己、学院、学校的三级考评机制，真正做到公平对待每一位教师，充分体现每一位教师的价值；四是建立科学的人才竞争机制，采用竞争上岗，真正用好可用的人才。

（二）人本管理理念

1. 人本思想的形成

人本思想萌芽于古希腊时期。古希腊是西方文明的摇篮，在古希腊时期就已有广泛的人文民主意识，西方人本主义思想即源于此。古希腊哲学家普罗泰戈拉说："人是万物的尺度，是存在者存在的尺度，也是不存在者不存在的尺度。"①尽管这是一种以人为本的主观唯心主义，但他的意义却是深刻的，他表达了希腊人对自我的肯定，因而被认为是人本主义最早的宣言。

在文艺复兴时期，主要的社会思潮就是人本主义，其核心思想就是：肯定人，注重人性，把人、人性从宗教束缚中解放出来，认为人是宇宙的精华，万物的灵长。这在人类历史上是对人的认识的巨大飞跃。继文艺复兴之后，一场资产阶级和人民大众的反封建、反教会的思想文化运动兴起，即启蒙运动，其核心思想就是理性崇拜，批评封建专制，宣传自由、民主和平等的思想。启蒙运动者坚信的这种理念为人本主义在社会中打下了良好的基础，但这个时期的人本主义思想都是建立在个人主义之上的。

19 世纪中叶以来，对人本主义影响最大的是哲学家费尔巴哈，他提出的人本主义思想颠覆了神性和理性，肯定了人性，对反封建起到了十分积极的作用。

随后马克思以批判的方式继承了费尔巴哈的人本主义学说，马克思主义中的人本主义思想超越了传统的人本主义对人的本质的思考，指出"人的本质是一切社会关系的总和。"强调了人是社会人。

20 世纪 50—60 年代期间，以马斯洛、罗杰斯为代表的人本主义心理学在美国诞生，人本主义的发展进入了新的历史阶段。人本主义心理学理论强调了人的主观能动性，肯定人性中积极的一面，这也为西方人本管理理念的发展和实践提供了基础。

纵观我国历史，从春秋时期开始就出现了一些可贵的人本主义思想，这些人本主义思想主要体现在"人贵于物、人贵于事、民本主义"等观念中。从《礼记·乐记》的"德者，得也"，到《尚书·五子之歌》中的"民惟邦本，本固邦宁"，再到《孟子》中提出的"民为贵，社稷次之，君为轻"，都体现了以人为本的理念。在中国古代儒家思想中，"人"有着极其重要的地位，儒家倡导的仁者爱人更是具有深厚的人本主义思想。儒家经典著作《论语》《孟子》《大学》《中庸》

---

① （英）戴维·罗比森文，（英）朱迪·格罗夫斯图著；卢修斯译. 柏拉图 [M]. 北京：生活·读书·新知三联书店，2018.

四书将儒家思想概括为：礼、德、仁、宽、恭、信、敏、慧，其核心思想的本质就是"人"治。儒家十分重视人的主体地位，孔子在《礼记·中庸》中明确指出把人作为管理的主体，提出"为政载人，取人以身，修身以道，修道以仁。"孟子进一步发扬了孔子的人本思想，强调治国的关键在于"得民"，得民的关键在于得民心，以及"天时不如地利，地利不如人和。"这些言论都强调了人的作用。到了我国民主革命时期，这种人本思想又得到了进一步的发展。民主革命先驱孙中山先生将其发展成为反对封建专制统治的"三民主义"，他的中心思想就是"博爱"，兼具了传统人本主义中的仁爱和西方推崇的平等思想。以毛泽东为代表的老一辈无产阶级革命家吸收了中华民族传统管理文化中的精华，同时运用辩证唯物主义和历史唯物主义的观点和方法，形成了群众路线、全心全意为人民服务的思想。从新中国成立至今，几代国家领导人的领导思想也都充分体现了"以人为本、以人为中心"的价值取向。

人本思想的形成和发展是人类历史的重大进步，它肯定了人在社会发展中的地位和作用，它更是一种思维方式，在人们在分析问题和解决问题时强调对人的尊重和解放。

2. 人本管理理念的形成

人本管理是人本思想在管理领域中的具体运用，它的形成经历了一个漫长的过程。大多数学者认为人本管理主要有哲学、管理思想和马克思人本主义思想这三个起源。

从哲学起源来看，有学者认为人本管理思想起源于文艺复兴时期的人本主义哲学，但也有学者持反对意见，认为人本主义忽视了人的"社会性"。人本管理思想在发展的过程中，不断汲取古希腊理性人本思想和现代人本主义哲学中强调人的精神力量，使人本管理思想体现出科学与人性的特色。

管理理论是人本管理的理论前提和基础，从管理思想的起源来看，管理理论是以人性的假设为基础的。"科学管理之父"泰勒的科学管理理论提出了"经纪人"假说，是第一次将人的因素纳入管理范畴，并提出了一系列的管理理念。有学者认为"泰勒的科学管理是人本管理的里程碑，其中隐含着大量朴素的人本管理思想和方法论。"

行为科学提出了"社会人"的假说，行为科学理论创始人之一的梅约将心理学引入人本管理，重视人的精神需求，以人为管理的中心。这一理论使原来人的被动地位上升到主动地位，有利于发挥人的主观能动性。因此，有学者认为是行为科学理论创立了人本管理的新时代。随后，管理理论的发展流派纷呈，被形象地称为管理理论丛林，产生了"复杂人"的假设，它不仅承认人的需求多样性，而且还发现人的需求因人、因时、因地而异，没有一个万能的管理方法，并综合运用各方法对管理和人的行为进行研究。从这些人性假设的不断变化之中，人们发现管理理论对人性的假设在不断进步，管理重心从"物"转移到"人"，但作为企业其本质仍是为了追求经济效益，"人"依然是提高效益的手段。

马克思主义理论的重要学说就是马克思人本主义思想，马克思人本主义思想认为人存在于社会中，实践活动可以促使人不断发展，人是有思想意识的，因此人具有主观能动性。马克思人本思想的基础是实践，实践活动使人拥有了主体地位，是人的目的和手段的辩证统一。

马克思主义学说的最高价值理想是以人的全面发展为内容的人类解放。马克思所说的"全面发展的人"，是一个现实的历史过程，这是人类不断扬弃自身的片面性，不断扩展、不断丰富和完成的历史过程，为人本管理理念奠定了人性基础。

3. 人本管理理念的内涵

①人本管理的核心是要坚持以人为本，即把"人"看作最重要的资源。首先要充分地了解人和人性，如孔子认为人的本性都是单纯的，只是在不同的环境中才逐渐养成了不同的性格；孟子认为"仁义礼智，非由外炼我也，我固有之也。"①他认为人的本性是善；荀子则认为"人之性恶"，但他认为能通过文化中积极的作用改变人的恶行，向善的方向发展；告子主张人性"无善无不善"，他认为人性本犹如一张白纸，无所谓善恶，因为受了不同的影响才向善、向恶发展的。无论哪种观点，这些对人性的研究都说明了人的本性是可以被影响、被改变的。环境对人的影响巨大，环境可分为物质环境和人文环境，良好的物质环境让人感到舒适，可以提高工作效率，团结一致、积极向上的人文环境可以增强管理中的凝聚力，协调管理者与被管理者之间的关系，有助于各项工作的正常有序开展。

②以人为本的前提是充分尊重人、关心人。受尊重是人最基本的需要之一，尊重人就是确立管理对象的主体地位，尊重他们的需求，将他们看作是权益的主体，而不是达成管理目标的工具。了解人性和人的潜能，承认人的不完美才是对人的真正尊重和关心。人又是具有主观能动性的人，不会只是消极被动地接受他人的命令和要求。尊重还意味着互相尊重，不论是管理者还是被管理者，都要双方互相理解。管理者要提高自身素质，放下高高在上的架子，树立人人平等的意

---

① ①孟子著；王立民译. 孟子 [M]. 长春：吉林文史出版社，2004.

识,对管理对象的工作和生活多一些人文关怀,让他们感受到集体的温暖。所谓的人文关怀,就是对人的尊严的肯定,对人的生存状态的关怀,也就是让被管理者得到精神上的尊重和关心。

③以人为本的管理方式就是激励人。最具代表性的理论是马斯洛的需要层次理论,将人的需求分为五个不同的层次,即生理需求、安全需求、爱的需求、尊重需求和自我实现的需求。人既有衣食住行方面的生理和安全需求,也有与人交往、实现理想的社会需求。人在满足了生理需求、安全需求后会不断追求更高层次的社会需求。人的本性是围绕自我利益展开的,在物质水平不发达的社会环境中,物质激励是最好的激励方式,但随着社会经济的不断发展,人们的物质文化生活水平有了很大的提高,传统的物质激励作用已明显降低。人是有意识、有思想、有感情的高级动物,人除了物质需求,还要有理想和荣誉等精神需求。人作为组织中的核心因素,定位准确、适当有效的激励能够充分发挥人的积极性,提高工作效率。

④人本管理的最终目的是实现人的全面发展。人的全面发展是马克思主义学说的最高价值理想,马斯洛的需求层次理论中认为人的最高层次的需求就是自我实现的需求。在管理中,充分考虑人的各种需求,才能更好地发挥人的主观能动性和创造性,实现人的自我发展。人类社会无论是经济还是文化的发展,都是为了不断提高人的工作和生活质量,促进人的全面发展。全面发展的人又可以促进社会经济、文明的发展,最终实现组织和个人的目标,形成有效的人本管理。

4.人本管理理念应用于高校人力资源管理中的意义

高校人力资源管理工作的中心任务是在尊重教师自主性和工作特殊性的基础上,为教师创造宽松和谐的人际关系和良好的工作环境,营造良好的尊师重教氛围,给教师施展抱负的空间,充分调动教师的积极性和主动性,使教师能够充分发挥自己在专业和知识上的优势,挖掘教师在人才培养、科学研究和社会服务上的潜在能力,为教师的教学科研等各项工作创造有利条件,让教职员工知识技能能够得到更高程度的展现。教师在实现自我价值的同时,就会加大对学校的认知,从而增强对学校的归属感和为学校服务的责任感,更好地协调个人发展和学校整体发展的关系,促进学校更高目标的实现,从而保证教师队伍的稳定性。由此得出,建立以人为本的人事管理模式更能够发挥教师的主观能动性,更能促进高校良性化的发展。

（三）柔性管理理念

1. 柔性管理概述

（1）柔性管理的概念

一般意义上的"管理"的概念，是通过计划、组织、控制以及激励领导等环节，协调人、财、物资源，以更好地完成组织目标。柔性管理作为一种新的管理模式和理念，除了具有一般意义上"管理"的含义之外，还具有自己独特的内涵。国内外对柔性管理还没有形成统一的概念，认识的视角也不一样，但总结来看，主要有以下两种观点：

第一种观点认为柔性管理就是形成对外部环境的响应能力以及对内部环境的适应能力之管理。外部环境的响应能力即能够对客户需求的变化快速和敏捷响应，内部环境的适应能力即及时有效组织人财物资源形成相应的适应能力。

第二种观点认为柔性管理就是基于员工心理以及行为规律，以非强制的方式，通过潜在说服力的形成，把组织的意志变成员工的自觉行动。该观点包含四个层面的意思：即柔性管理的基础是员工的心理以及行为规律，柔性管理的方式是非强制性，柔性管理方式对员工产生的影响是潜在和说服性的，柔性管理的目标是让员工自觉行动。

以上两种观点，各有侧重，第一种观点是将柔性管理看作具有灵活机动特征的权变管理，第二种观点则更为强调管理的本质，回归到了"以人为本"的管理理念上。因而也有了综合性的观点，即认为柔性管理就是以人的管理作为核心，在动态变化的环境之下，使组织快速、有效地响应，并充分利用各类变化的因素，推动组织目标的实现和提升竞争力。

（2）柔性管理的特征

①持续性。柔性管理模式下，并不是单纯地借助规章制度，对员工进行强制性的要求，而是通过相应的管理手段，将外在规定在员工内心体现，让员工自觉规范自身行为。柔性管理改变了以往的硬性制度，加强员工自我心理暗示，对自己提出严格的要求，并通过长时间的坚持和实施，形成固有的习惯，树立自觉意识。人力资源从以往的刚性管理转为柔性管理，并非一朝一夕间就能实现的，而不是一个长期的过程，需要不断在管理体系中渗透，以增强企业凝聚力，提高员工对企业的归属感。

②激励性。柔性管理的突出特征是激励性，其对员工的管理并不是在权力的影响下进行，而是基于员工的心理状态和发展规律，以员工为核心，致力于激发

员工的创造力、挖掘员工的内在潜力。即便员工摆脱了领导的监管，也能在自身岗位发挥作用，将自己所掌握的知识反馈给企业。而且柔性管理所具备的激励作用，也能在某种程度上满足员工的需求。

③灵活性。在人力资源管理中运用柔性管理，本身就具有较强的灵活性。新时期，市场竞争越来越激烈，经济社会的发展速度也随之加快。这种情况下，企业要想跟上时代发展的步伐，就要具备良好的决策能力，能灵活应对市场环境的变化。柔性管理的实施，既能借助相关信息深入调研市场，有效预判风险，并进行防范，又能充分利用企业资源，确保其发挥出最大的作用，进而提高企业的市场竞争力，增强在国际上的影响力。

④模糊性。与刚性管理的最大区别是，柔性管理对管理边界进行了虚化，消除了管理的压迫性。总的来讲，柔性管理并不具备明文规定，也没有具体的任务要求，这意味着柔性管理更加重视领导作用，发挥人和人之间的沟通艺术，管理者能构建使员工认可的文化和价值观，为员工营造一种愉悦、轻松的工作环境，同时重视员工的精神和心理需求，促进员工和企业的共同发展与进步。

⑤系统性。如果适应性、可变性和灵敏性强调的是柔性管理某一个方面的特征，那么"系统性"则强调的是柔性管理的全局性，即柔性管理同样也要将企业视为一个各种因素相互联系和影响的有机整体，柔性管理要求企业的不同部门、不同环节形成有机整体，产生对内外部环境的有效、灵敏地适应和响应能力。

2. 柔性管理在人力资源管理中的作用

（1）适应外部环境变化需要

柔性管理模式具有管理方式灵活、管理效率高等特征，有利于企业实现目标，以及强化员工的个人价值。作为企业在当前社会发展背景下采用的重要的管理模式，柔性管理模式具有自身独特的管理方式，能够提高员工在工作过程中的自由性，利用有效的激励引导员工提高自身的工作积极性和主动性，并通过培养员工的应急处理能力，使员工能够在周围环境发生变化时做出积极、正确的回应，勇于直面问题，善于解决问题，以自身敏锐的洞察力以及行动力，提前预防工作中可能出现的问题，从而高质量地完成工作任务，带动企业效能的提升。

（2）满足资源的整合需求

柔性管理是以员工发展为中心，强调员工之间的平等待遇，给予员工尊重，并注重培养其职业敏锐度、观察力与创造力，加强其对企业文化和企业价值的理解和认同。同时，柔性管理还能在管理过程中通过整合资源、信息，丰富企业的发展内涵，提高资源的运用效率。

（3）满足组织关系的调整需要

企业要想在竞争激烈的市场中占有一席之地，就要加强对人力资源的管理。人力资源是企业发展的重要支撑力量，选择合理的人力资源管理模式，可以使企业同员工、社会之间的关系得到改善。当前，很多企业的管理模式已经逐渐从原来的刚性管理模式，变为更适合社会发展需求，以及企业发展需求的柔性管理模式，企业与员工的关系，也从传统的雇佣关系逐渐变为平等的互相需要、协力合作的关系，企业更加关注员工，注重员工的个人权利，这有利于形成和谐的劳动关系，推动员工和企业的共同发展。

（4）促进企业管理效率的提升

柔性管理模式能够使企业从原本的多级别管理，转变为扁平式管理，简化了中间的传递流程，提高了信息传递的准确率，更节省了传递时间，大大提高了企业整体的管理效率，增强了员工的执行力。同时，扁平式管理有利于企业更准确地捕捉员工在工作中的困难，以及职业发展需求，进而通过调岗、培训等方式，为员工匹配更适合的岗位，提高员工的专业能力，鼓励其在一定的范围内自由发挥创造力，不断挖掘员工的个人潜力，从而实现其职业理想。柔性管理模式还有助于企业明确员工以及部门职责、履行权利范围，从根本上减少多层级管理模式下容易出现的信息延误、失真等现象，提高人力资源利用率，为企业的发展不断拓宽空间。

（5）与刚性管理互补

柔性管理模式与刚性管理模式能够在企业发展过程中实现互补。柔性管理模式更注重人性化以及个人情感，能通过灵活多变的管理方式，弥补传统刚性管理模式的不足。企业在人力资源管理过程中运用柔性管理模式，能够有效增进企业员工之间的情感，激励和引导其和谐互助，促进员工的共同发展，进而提高部门、企业的凝聚力。柔性管理模式还有利于企业解决员工在发展过程中遇到的各种问题和矛盾，使员工可以全身心地投入工作，把个人发展与企业发展相结合，努力实现个人与企业的共同发展。

3. 高校人力资源柔性管理的实施策略

（1）健全柔性人才流动机制

高校是一种较为特殊的组织，有着人才培养、知识创新以及社会服务的职责。当前，高校教师流动是较为常见的现象，利用柔性管理来应对此问题，可以起到较好的效果。在柔性管理的作用下，高校要构建并健全柔性人才流动机制，以此形成多向流动的"大人才"观。例如，明确规定高校教职员工的流动方式及流动频率，促使校内外的人才可以相互竞争，同时，高校组织也不会因人才流动过大而影响科研或教学工作。

具体而言，高校可以从多维度引进不同领域的优秀人才，同时，针对现有人力资源队伍中的个别不适合当前岗位的教职员工进行科学、合理的分流，确保高校人力资源队伍整体处于优质状态。柔性人才流动可以通过聘任制、兼职式、合作式、咨询式等形式，在多元化的人才流动形式下，多个学科领域的国内外专家和杰出人才都可以共同参与到高校科研、教学以及人才培养的队伍当中，有助于提升高校人力资源管理的实效。

（2）完善柔性培训机制

高校在实行柔性培训机制时，需要针对教职员工的实际需求，采取多元化的培训手段，并对柔性培训机制予以完善。

具体而言，可以从以下两方面着手：一方面，以持续性培训为目标，促进组织成员终身发展。对高校教职员工进行培训，并不是通过几次培训之后就可以达到提升教职员工专业素养及综合能力等方面的效果，因此，柔性化的培训应注重培训的实效性和长效性。与此同时，通过持续性的培训，促使教职员工不断强化终身学习的观念，对于科研及教学的创新，均能够起到非常重要的作用。另一方面，以柔性培训提升高校人力资源价值。高校教职员工普遍学历水平较高，但无论对于科研还是教学活动而言，仅拥有高学历是远远不够的。高校需要通过加强培训，使教职员工的科研能力、创新能力、专业素养等方面得到有效提升，并逐步将这些能力转化为高价值，由此为高校组织创造更多的经济价值和社会价值，有效推动高等教育的发展。

（3）构建柔性激励机制

柔性激励机制对自我价值的实现和高层次的精神追求较为重视，所以高校人力资源柔性管理机制的构建需要充分契合教职员工自身的需求。因此，高校应在满足教职员工需求的基础上，对激励方式予以优化。

首先，对教职员工的需求予以精准研判。通常而言，高校教职员工更为重视高层次需求的满足，在此基础上，高校组织还需要进一步对教职员工个性化的需求进行分析，以此了解教职员工的激励期待。例如，部分教职员工更为重视自身的科研能力，但部分教职员工可能更为重视教学的创新，因此，针对高校教职员工的不同需求，制定差异化激励手段，以此促使激励机制的作用得以充分发挥。

其次，基于教职员工的需求对激励方案进行双重设计。高校组织要兼顾物质激励和精神激励两方面，尤其在精神激励方面，要针对教职员工的高层次精神追求制定多元化的激励手段。高校的柔性激励机制不仅要兼顾教职员工的实际需求，而且还可以将教职员工获得的奖励纳入组织成员未来发展的考核体系当中，这不仅是对教师员工的一种肯定，同时还能够进一步促使教师员工不断发展与进步。

最后，加强与组织成员之间激励的反馈与沟通。柔性激励强调的是满足个体的需求和尊重个体的发展，但是，高校实行的激励措施可能与教职员工的实际需求有所偏离。因此，高校组织有必要构建切实有效的沟通机制，使组织体系中形成一种自下而上的沟通氛围，以此提升高校人力资源柔性管理的效率。

（4）建立柔性信息管理机制

随着互联网时代的到来，推进现代化高等教育治理能力尤为重要，在此环境下，高校人力资源柔性管理有必要建立柔性信息管理机制。

第一，专门构建高校人力资源管理信息库，利用现代信息技术来实现人力资源管理的现代化治理。在该信息库中，涵盖高校教职员工的工资、任免、奖惩、培训、考核等内容，高校组织体系中的各部门之间可实现资源共享，为人力资源管理提供了较大便利。

第二，利用国际互联网掌握国际范围内高校人力资源管理的前沿信息以及各类政策和法规。国内外院校之间通过互联网，可以相互交流与分享人力资源管理方面的经验，彼此间能够取长补短，改进人力资源管理方法。同时，各校对于人力资源管理政策的实践可能存在不同之处，通过互联网的交流，可以不断帮助高校更为客观、全面地认识相关政策，并对其进行有效落实。

第三，借助人力资源管理系统，对高校教职员工的薪资、培训、考核、选拔等方面进行智能化管理，以柔性化的信息管理机制提升高校人力资源管理水平。

（四）团队合作管理理念

当今组织人力资源管理特别注重团队间的合作。通过团队合作可以营造一种和谐竞争的工作氛围，使队员产生归属感，增强成员学习的积极性，从而激起更大的工作动机，提高工作效率，产生很大的正面效应，并且很多队员在一起可以集思广益产生新的创意。

高校人力资源管理也应该促进团队合作。高校教师经常处于不同的组织和合作团队，有时属于学校，同时又属于自身所在学院或教研室，有时还归属于某一个科研小组，当然这个科研小组有可能是校内的，有可能是校外的，有可能是本专业的，也有可能是跨学科的。因此高等院校人力资源管理使用团队合作的方式，在使用的过程中采取写作、联合和调整的方法尽量融入一些不同的因素，共同完成教学科研，并能吸取其他成员的一些有益做法，促进自身能力的提高。

当然团队合作也会存在一些问题，比如薪酬的二次分配。因为团队合作的本质在于协作，而要区分不同人的绩效并发放薪酬是十分困难的。所以要逐渐在磨合中完善团队，避免一步到位，注重加强动态管理。

第二节 高校人力资源管理的改进策略

一、提升高校人力资源管理效能

（一）建立精简高效的组织机构

普通高校组织机构运行效率、受认可程度，直接关系着高校人力资源运行效率的高低。唯有构建精简高效的组织体系，才能充分发挥出人力资源配置的效率，使人力资源配置更好地服务于高校发展战略。

1. 构建精简高效、扁平化的服务型组织结构

目前，大部分地方普通本科高校采用的是以行政权力为主导的科层化组织结构，但这种设置没有考虑到高校的特殊性。我国学者龙献忠指出，扁平化模式能够有效减少管理层级，使高校决策部门能够直接与一线的教师和学生对接，进而更好地为教师和学生服务。因此，高校应根据学校内在关系特点和机构职能分工情况，坚持精简高效的原则，调整高校内设机构和职能划分，将一部分管理机构进行撤、降、并、改、合等方式的处理，减少管理层级，降低管理重心，强化服务职能，建立科学、规范、高效的扁平化组织形式和运行机制。

2. 建立调和校、院两级权力运行的机制

当前，我国普通高校一般都是"校—院—系"三级管理模式，但权力分配却主要集中在学校一级，院系的自主管理权较小，校级管理机构掌握着人、财、物、事等主要权力，使基层的学术权力始终受到行政权力的压制，院系的教学科研工作受到行政力量的严重束缚，工作的积极性、主动性很难充分发挥出来。我国学者莫甲凤通过对美、日、德等国高校内部的管理架构进行研究后认为：大学管理

重心应该落在基层学术组织，基层学术组织应该享有高度自治权。因此，高校要想充分发挥院系的主体作用和教师的聪明才智，实现教学科研工作水平的整体跃升，就要调整权力的分配格局，将学术权力和人、财、物、事等主要权力交还给院系，让院系能够充分自治，真正实现权、责、利相统一，使基层学术组织能够根据自己教学科研的实际情况做出科学合理地安排，让一线教师的主人翁地位得到充分体现。要通过政策法规和制度地制定保障基层学术组织的权力能够充分发挥，保障基层学术人员的学术自由和学术活动得到尊重，统筹协调学术权力和行政权力相互促进、互相支持，减少行政权力对学术活动的干扰、制约，从而激发基层学术组织和学术人员的创新创造活力，提高学校的办学效益。

（二）不断调整高校人力资源结构

现代化进程中，高校治理体系的发展需要始终将高校人事制度改革作为切入点，不断调整完善人力资源结构，从以下几方面推动高校人力资源管理效能的提升：

第一，高校需要有效解决教师的数量占比问题。我国许多高校内部尽管人员数量众多，但是教师数量在所有岗位中的占比不高，甚至处于较低水平，由于教师数量的偏少，直接影响高校教学活动的有序开展。因此，解决教师数量偏少的问题首先需要完善相应的岗位设置规定，合理地增加教师岗位数量；其次通过内部调整人员或者外部渠道吸引人才，提高教师的整体数量，确保各项教学工作的正常进行。

第二，高校需要解决教师年龄、学历水平、职称占比、专业分配等结构性问题。目前，我国许多高校师资队伍中年龄结构不合理问题较为突出，呈现出青黄不接的现象。在学历方面，博士学历相对较少；在职称方面，高级职称较少。

第三，在专业构成方面也缺乏合理性，一些专业课程教师并不是该专业毕业，并且在专业学科建设方面的教师数量明显不足。以上种种问题造成现阶段许多高校教师队伍内部结构失衡。因此，高校人事管理部门需要规划好详细的人才引进制度和培养机制，有效解决教师队伍年龄、学历、专业等结构不合理的问题。同时制定具体的职称分配体系，优化教师队伍的职称结构。

第四，高校应该重视对海外高层次人才的引进工作，积极吸引那些教学、科研领域取得重大成果的人士为学校教研工作服务，达到双方共赢的目的。总而言之，高校利用多种举措不断调整完善教师队伍结构，深入挖掘教师的个人潜能，科学运用外部高层次人才力量，实现高校人力资源管理效能提升的目标。

（三）树立人力资源管理的效能新观念

高校人力资源管理需要树立"以人为本"的思想，在人力资源管理过程中融入人本理念。正如国外教育家肯南特所言："大学的荣誉无关校舍和人数，更重要的是一代代教师和学生的质量。"对于高校人力资源管理来说，最重要的管理和服务对象是教师。将"以人为本"的管理理念融入教师管理工作中，就是以教师为本，落实对教师的各项管理和服务工作。教师是同时具备专业知识技能、教学能力、科研能力的专业人员，尽管教师均处于相同的岗位，但是不同年龄、不同专业以及所处不同工作环境的教师，其个体特征也有明显区别。

因此，这就需要高校人力资源管理者在对教师进行管理和服务的过程中，一方面要注意教师群体的共性，另一方面也要关注不同教师之间的个性差异。在此基础上人力资源工作的开展不仅要遵循相关规章制度，而且也要根据教师的个性化特征采取针对性管理措施，这是提升人力资源管理效能的关键。同时，需要设立对应的激励制度，充分激发教师群体的潜能，促进个人和学校的协同发展、共同进步。需要注意的是，高校人力资源管理中不应用行政权力替代学术权力。尽管行政权力具备构建组织秩序、提升管理绩效等优势，但也应该避免使用行政权力来取代学术权力，需要管理者正确认识到学术权力在高校人力资源管理中心的重要性，并在工作实践中体现出学术权力的作用和优势。

（四）规划切实可行的人力资源发展战略

在当前市场经济背景下，市场中的人才更为自由，人才的流动已成为普遍现象，这种现象也逐渐对高校人才流动造成影响，高校之间的人才流动日益增多，并且伴随着不同原因、不同区域以及不同形式的人才流动。

从整体来看这种人才流动，一方面符合市场交易中的自由性原则，另一方面也能够促进各个企业不断引进适应自身发展战略的人才，最大化发挥人才自身价值。因此，对于高校人力资源管理而言，需要制定好长期切实可行的人力资源规划发展战略，长久保证高校人力资源的充足和人才质量。在人力资源管理中，内部匹配和外部匹配是当前强化人力资源管理提升人才竞争优势的重要渠道。这就需要高校不仅要大力引进外部优秀人才，而且还要做好对内部人才的合理使用和系统培养。

第一，要做好外部人才引进工作。在时代快速发展的背景下，高校也应该顺应时代发展潮流，才能够在新时代立于不败之地。高校需要做到与时俱进，不断更新人力资源，结合高校内部实际情况和外部环境，合理选择国际化人才，同时还可以积极从其他高校或者部门引进优秀人才。而实现这一目标，离不开高校长远的人力资源规划战略，还需要制定切实有效的人才引进机制。

第二，做好内部人才的培养和使用。由于当前社会人才流动频繁，因此高校需要对现有人才进行合理运用，加强对人才的培养力度，完善人才的待遇保障，只有这样才能让人才安心工作，确保良好的工作质量。高校内部应该构建起治理共同体，吸引多方主体共同参与，共谋发展，不断提升人力资源管理效能。治理共同体涵盖了教学共同体、科研共同体，需要高校树立良好的治理共同体理念，以此为基础规划高校人力资源发展战略。

二、高校人力资源管理要坚持以人为本

（一）要明确高等教育产权

1. 政府要转换在高校管理中扮演的角色

我国政府在管理高校的过程中，要调整它所扮演的角色。它应该增加为高校提供服务和制度保障的内容，减少直接运用的行政命令，并通过制定高等教有发展的法规来实现对高等教自的鼓励或约束，从而让高校能够自主经营、独立办学、自主管理地快速发展。

2. 要明确高等学校的性质

作为事业单位的高校，它既不是政府又不是企业，而是作为独立的第三方而存在的。它存在的领域包括三部分：一是政府和企业都不能和不宜涉足的领域；二是虽然明确属于政府和企业运作范围，但由事业单位做能使运作更便利、协调、低廉的领域；三是并非专属政府运作领域或不属于政府运作范围，但企业干不了、干不好或不愿干的领域。

因此，改革后的高等学校的性质应当是主要从事社会事业和公益事业的独立于政府和企业之外的非营利组织，简单地说就是非政府、非企业、非营利。

（二）高校内部管理方式要去行政化

要改变目前我国高校内部管理泛行政化的情况，最主要的就是要引入并建立现代大学制度。根据现在国际共识认为：现代大学制度主要包括大学自治、学术自由、教授治校、通才教育、学生自治等内容，这个制度的主旨就是学术自由、

教授治校、学生自治。具体说来，要着重做好以下几方面的内容：

1.要依法治校

要在高校制定章程，高校的内部管理严格按章程来执行，实行依法治校。

2.要实行校长遴选制

要在高校校长选拔方面实行遴选制，摒弃现行的校长任命制度，通过严密的组织程序选拔出真正具有教育家素养的高校校长。

3.要建立完善的决策管理机制

要建立和完善高等学校的管理决策机制，通过发挥学校各类人员的作用，实现民主化、科学化的决策管理。

4.要实行民主管理

要在高校设立各种委员会，如学校事务工作委员会、教职工代表大会等，以来保障学校各类人员参与学校的民主管理与监督，在学校改革和发展中赋予他们决策权、管理权和监督权。

只有做好以上方面，才能逐步改变现在高校的泛行政化现象，从高校内部管理方式上真正去除行政化，让真正的教育家办校，让真正有能力、高水平的学者拥有话语权，只有这样高校的发展才能真正回归到学术的运行轨道上来，我国才有可能真正实现建设世界一流大学的目标。

三、构建"互联网＋"高校人力资源管理新模式

在"互联网＋"新时代，赋予了人力资源管理新的发展机遇，高校应抓住机遇，从转变管理观念、拓展大数据思维、构建人力资源数据库等方面着手，构建高校人力资源管理的新模式。

（一）转变高校人力资源管理观念

各高校对于人力资源的管理，以经验型、行政型管理为主，我们需要运用"以人为本"的科学管理理念，将高校人事工作转变到信息化数据型的人力资源管理轨道上来，将现代人力资源管理理论作为高校人力资源管理的依据，把标准化、规范化、信息化的现代人力资源管理手段运用到高校人力资源管理工作的各个环节上，调动教职工的工作积极性，提高教职工的综合素质，进一步促进高校人力资源管理能力和不断提高办学水平。树立"开发人力资源是高校人事工作核心任

务"的观念，通过有效的人力资源管理，促进教职工积极参与高校的各项工作，使其在办学治校中最大限度地发挥作用，从而使高校的各项管理最终落实到人力资源管理上来。

因此，高校在人力资源工作管理中应从以下几点进行综合改进：一是将人员培训向纵深推进，培养人力资源管理专家。高校的快速发展离不开科学的管理制度，掌握科学化、信息化的人力资源管理知识和技能对促进高校发展尤为重要，强化高校人力资源管理者的培训力度，促其转变理念、更新方式，熟练掌握专业知识，熟悉操作流程，加强对大数据思维下的人力资源管理模式的认识，培养合格的人力资源管理专家。二是建立健全高校人力资源管理制度。高校发展战略为高校的发展指明了方向，完善的发展战略需要建立健全各种规章制度，为了适应高校的发展目标，需要对人力资源管理政策法规优化完善，需要建立完整的人力资源管理体系，比如创新人才引进机制、师资队伍建设机制、人事管理制度等，各类政策法规健全后，将有效促进高校人事管理工作向现代人力资源管理逐步转变。

（二）拓展大数据时代的数据思维

随着当今社会科学技术发展迅速，信息化程度不断加快，各类信息流通不断加速，信息不断产生，我们要与时俱进拓展数据思维。所谓数据思维，就是根据数据来思考事物的一种思维模式，是一种量化的、重视事实、追求真理的思维模式。在高校建立数据运作机制，拓展数据思维，需要教职工具有对比和分析数据的能力，能对自身的能力和价值进行很好的把握，并能发挥自身优势为高校发展建言献策；针对高校人力资源管理的现状，人力资源管理者需从现状着手深入分析，对大数据进行比对，并利用优化技术对其各环节进行整合，优化内部人力资本结构，改善人力资源管理现状，提高管理效率，从而达到预测人力资源发展趋势的目标。

因此，要想拓展教职工的大数据思维意识，需要建立健全人力资源数据运作机制。在数据思维管理模式下，高校教职工将成为自我管理的中心，通过各类数据分析，使教职工找到自己的优势和劣势，激发其努力进取的积极性，为其匹配合适的岗位，使每位教职工都能在适合自己的岗位上发挥特长，为高校的战略发展贡献力量。受大数据思维的影响，各高校还可在人力资源管理过程中引入奖惩机制，这样能调动教职工的工作积极性，为高校实现战略发展打好扎实的基础。

（三）构建"互联网＋"人力资源管理数据库

随着社会的不断进步，"互联网＋"技术的不断成熟，大数据时代已经来临，这将催生高校人力资源管理模式的改变。高校人力资源管理需要依托互联网平台，运用大数据技术，不断改进管理思维及模式，这对高校来说将是一个全新的管理视角。因此高校需抓住时机，利用现有的信息化资源，收集各类实时信息，在大数据的基础上建立人力资源数据库，同时利用云计算等各类数据处理方法对信息进行聚类、分类、相关性等分析处理，从而预测出高校人力资源管理的趋势，为从容应对新趋势找到突破口，形成管理决策，为服务高校发展战略提供帮助，使高校的人力资源管理更具科学性。

为此，高校需从以下几个方面进行改进：一是构建高效的人力资源管理信息平台。随着智慧校园的不断推进，各高校的信息化建设水平与日俱增，对高校信息化建设提出了更高要求。高校应加快推进高校人力资源管理信息化建设，全面数据化展现人力资源管理信息系统，夯实人力资源基础信息，积极推进"大人事信息数据"建设，为将来打造"人力资源规划""绩效管理""人才招聘"等更多模块奠定基础。二是借助"互联网＋"实现人力资源管理转型提质发展，助力日常管理"高效化"，提高高校管理水平。高校要在智慧校园系统中嵌入日常管理软件，开启人事工作高效、便捷的管理新模式，实现全体教职工线上考勤、请假审批、健康打卡、人才经费报销审核、通知发布等功能，有效提高日常人事管理效率。三是利用"互联网＋"大数据共享信息技术。"互联网＋"为各行业提供了开放的共享平台，同时也为高校人力资源管理提供了信息化数据平台。各高校应积极拓展大数据思维，将其灵活地在人力资源管理中进行应用，构建人才数据库动态跟踪系统，人力资源管理部门可以运用网络平台随时调整数据库。

四、加强激励机制在高校人力资源管理中的运用

（一）重视激励机制的应用

随着时代的发展，高校教职工队伍也处在不断发展、不断更新的变化过程当中，而为了更好地适应新时期人力资源管理工作需求，高校领导人员自身一定要积极地转换人力资源管理观念，善于更新管理方法，从而满足不同教职工人员在不同工作阶段的不同目标发展需求。激励机制的运用可以有效提升高校教职工工

作积极性，有利于提高高校教师队伍的素质，进一步促进对教职工的量化考评管理工作，对此，人力资源管理人员要形成深刻认识，并且善于在实际管理工作中发挥出激励机制的应有价值。

从根本上说，激励机制就是要让教职工认识到工作道路上永远有新的目标等待着自己去实现，在激励措施的驱动下，他们也会明确自身不同阶段的奋斗目标，而在这种积极进取的心态的影响下，他们会持续地升华自我职业规划与人生规划，从而不断前进、不断超越自我，从而在激励机制的实施中，也会持续地推进学校办学目标的发展进步。转变思想观念，重视激励机制对高校人力资源的发展具有重要作用，也是人力资源发展的先决条件，在具体实施过程中高校应切实认识到激励机制的价值，将激励融入整个人力资源管理中，并建立起基于激励机制的管理方案，加强激励机制的顶层设计。

（二）强化激励机制工作基础

优化教师队伍的资源配置无论是在高校发展还是实际人才培养工作中都具有十分重要的意义。而教师队伍能力阶梯化、教职工团队职能阶梯化，更是强化人力资源管理中激励机制的工作基础所在。究其原因，只有教师队伍资源配置呈现一定的阶梯化发展，才能够形成激励。如若高校所有教职工的综合能力等同或者是工作职能等同，在激励机制中，则极有可能产生教职工人员之间的激烈竞争。此时，人力资源管理也难以推进，在混乱的管理工作中，激励机制不仅难以发挥效用，甚至还会导致其他等同能力的教职工人员对高校制度心生不满，反而不利于人力资源管理工作的实际开展。

因此，高校在建立教师队伍、职工队伍初期就应当从整体角度出发进行统筹规划，既要为每一位教职工提供均等的发展机会，也要形成一定的阶级门槛，科学地、动态地对每一位教职工加以"定位"，如此一来，激励机制才能拥有良好的工作开展基础，并且在激励机制的作用下，每一位教职工都有被奖励、提拔与晋升的可能，他们才会真正地调动自身的主观能动性，与学校共同强化办学理念，共同服务于人才培养工作。激励机制的发展必须符合高校教职工的实际情况，在激励制度实施的过程中，高校应及时将激励机制与高校教师发展结合在一起，通过激励指导的方式推动高校教师的发展并认同高校实施的激励机制，在校园内形成激励的合力。

要实现高校教师人力资源配置的有效运行，关键是充分调动每一名教师的积极性、主动性和创造性，使每一名教师的作用都能够得到充分发挥。

1. 目标激励

目标激励是通过有效的目标激励教师奋发工作，不断进取。高校要把学校、学院、学科、专业等发展的目标与每名教师的个人成长进步紧密结合起来，从而实现组织的目标与个人的需求相辅相成、相互促进。因此，首先要结合学校的办学定位和发展需要，制定科学的组织目标，并引导教师结合组织目标确立合理的个人目标。地方普通本科高校的组织目标应该分为长期目标、中期目标和近期目标，在目标确定的同时要将学校的总体目标按照阶段和单位划分层层分解。从而使学校的发展目标融入每个组织机构和个人的发展目标当中去。并将目标的完成情况作为一个指标进行考核评价，同时配合实施奖惩激励，以实现目标激励的效果。在目标建立的过程中切忌"一刀切"，要根据学科专业和岗位类型的不同设置针对性强、接受度高的目标。目标高度设置要科学、严谨，目标设置得太高或者太低，都将失去目标激励的意义，从而造成所设置的目标形同虚设。

因此，从学校确立发展目标开始，就要经过科学、充分的研究和论证，确保学校的发展目标既切实可行，又具有一定的难度能够起到激发斗志的效果，这样才能确保每名教师的发展目标难度适中，经过努力拼搏能够很好地实现，这样才会真正地激发教师的创新创造活力和奋发图强的斗志，最终在全校每一名教职员工的共同努力下，如期实现高校既定的发展目标，实现学校办学水平的提升。

2. 薪酬激励与精神激励

薪酬激励是激发高校人力资本活力的重要手段，同时也是激励机制的关键内容。薪酬激励不但能够满足高校教师的物质利益需求，更是对高校教师价值的充分认可。因此，地方普通本科高校要在优化薪酬结构、深化收入分配制度改革基础上下功夫。在坚持"以岗定薪、按劳取酬、优劳优酬"原则的前提下，优化基础性绩效工资与奖励性绩效工资的比例。同时将绩效工资分配向教育教学岗位、高层次人才、关键岗位、学术骨干和做出突出成绩的教师倾斜。对于高层次人才和有突出贡献的人才可以实施年薪制、协议工资、项目工资等多种分配模式，进而激发他们干事创业的积极性。完善表彰和奖励制度，充分体现奖勤罚懒，建立奖励与工作业绩挂钩的分配机制，重奖教书育人楷模，体现教育教学工作价值，引导教师潜心教书育人。在搞好薪酬激励的同时，更要搞好精神激励，尤其对于高校教师来说，对精神需求的满足要求更高。因此，高校要将荣誉表彰等精神激励工作大张旗鼓地开展起来，充分利用多媒体手段广泛宣传爱岗敬业、潜心育人、有突出贡献、名师名家等各种类型的高校优秀教师，激发高校教师的职业自豪感、成就感和光荣感，从而激起教师不断进取的内生动力，实现持久激励的良好效果。

3. 竞争激励

竞争激励是将优胜劣汰法则引入高校人力资源管理中的一种行为激励方法。它能够有效地激发高校人才的竞争意识、进取心和创造精神，从而提高教师人力资源配置的运行效率。高校可以在实施人才引进、岗位聘任、职务晋升、评优评先等时机，在坚持公平、公正、公开的原则下，均可以适度引入竞争激励机制，让每名教师在公平竞争中实现优者胜、劣者汰。通过科学、有效的竞争激励机制的引导，能够将广大教师的奋斗目标融入高校的发展建设当中，从而实现个人的发展目标与组织的发展目标相互一致、相得益彰。在有效的竞争激励作用下，高校能够脱颖而出一大批优秀的骨干人才，为高校的快速发展提供强有力的人才支撑。与此同时，通过合理、适度的竞争，能够更好地激发出高校教师的使命感、责任感和紧迫感，有利于促进个人的事业与学校的建设共同发展。

（三）科学合理制定奖惩制度

在人力资源管理工作中运用激励机制，高校就需要立足于自身发展的实际情况，建立科学且合理的奖惩制度。奖励制度要恰到好处，以起到对优秀教职工正面激励作用为宜。高校既不能打肿脸充胖子而跨越奖励底线大肆表彰表扬，更不能为了节约人力资源管理成本而完全不奖励。同样的，在惩罚制度中，既不应该罚不当罪，也不可轻易放过。对于在实际工作中出现错误或犯错的教职工，高校也要善于通过激励机制帮助他们及时改正、纠正，体现出充分的人文关怀，利用好错误资源促使教职工能够"以错为镜"，提升自我认识，有效地防止在未来的工作道路上重复犯错。基于激励机制形成的奖惩制度要坚持细则化和实践化的原则，细则化是指在激励机制的引导下，高校应结合激励机制做好具体的细则和完善制度，每一个的细则都要贴近学校的实际情况，同时细则要明确具体的规定，确保实施细则与管理发展相吻合；实践化主要是指基于奖惩建立的制度要具有可行性，要坚持制度化发展的同时也要考虑教师等主体的实际需求，做好人力资源管理的完善工作。

（四）转变单一激励机制手段

精神奖励能够满足教职工人员在精神层面的发展需求，通过奖状的形式或者口头表扬的形式形成精神激励力量，对于被奖励者而言，所形成的心理激励会指引其在未来的工作中不断实现自我提升，对于未获得奖励的其他教职工而言，精神激励也会形成良好的榜样带头与激励作用，是一次很好的榜样学习机会，有利于指导他们为下一阶段的工作与学习目标继续努力。从这一角度上看，为了促进激励机制的多样化发展，物质奖励、精神奖励务必要协调并行，当然在具体的实施过程中激励的多样化执行还需要考虑不同主体的需求，在落实过程中坚持物质奖励与精神奖励相结合的思路。

（五）定期开展教职工量化考评

教职工量化考评是激励机制的重要环节所在，结合最终的考评结果，人力资源管理者可以及时地了解不同阶段不同教职工的实际工作状态。同时，量化考评也可以给予每一位教职工人员最为客观、真实的工作反馈，特别是对于部分能力、经验稍显不足的教师与行政人员来说，在考评结果的反馈中，他们能够明确认识到自身的不足所在，那么在后续的工作中他们也会更加注重学习更多的教学工作方法，不断地增强工作态度与自我能动作用，有利于教师认真对待工作、努力提升自我。此外，对于个别教学能力、知识能力较弱，却不愿意通过学习提升，或者说长时间没能取得个人发展进步的教职工而言，高校也可以针对具体的量化考评结果及时迅速地"摘除毒瘤"，取精华、去糟粕，优化人力资源管理的质量。

五、培养高校高质量人力资源管理的师资队伍

（一）科学分析和设置岗位

岗位分析是通过系统地收集和分析与岗位有关信息的过程，目的是制定聘岗条件、岗位职责、工作任务等内容，从而形成岗位说明书和任职资格。岗位分析是岗位设置的前提，通过深入细致的岗位分析才能科学合理地设置岗位，为人力资源配置提供良好的岗位基础。岗位分析和设置要做到科学统筹、相互协调，既要着眼学校当前的现实需要与办学定位，又要着眼学校的战略发展需求，要处理好管眼前和谋长远之间的关系。

1. 岗位需求分析

"按需设岗"是高校人力资源管理的重要原则之一，是岗位设置的前提和基础，一般由高校的二级单位提出增设需求。在增设岗位之前，要经过充分的论证，具体主要包括两个步骤：一是计划增设岗位的二级单位人才工作委员会，根据自身当前的教师人力资源现状和未来发展需要，充分考虑学科和专业建设、发展的

实际需求，提出增设岗位的需要。二是高校人力资源管理部门在学校层面的人才工作委员会领导下，根据学校编制情况、工作任务、发展战略和学科、专业建设的总体规划，最终确定增设的岗位。在进行岗位需求分析时，首先，要综合分析教师人力资源的现状，确保岗位设置符合当前实际需要；其次，要综合考虑二级单位和学校的办学定位和发展战略，确保岗位设置同时符合二级单位和学校的发展需要；三是重点考虑学科、专业的建设、发展需要，确保高校学科、专业的不断向前发展。

2. 科学设置岗位

科学设置岗位，是高校不断优化人力资源配置的基础。岗位设置的过程中，首先，要制定科学合理的岗位任职条件，明确岗位职责和任务；其次，要坚持做到因事设岗、以岗择人，要坚决杜绝因人设岗、身份管理的问题，真正实现科学的岗位管理。

对于教师岗位设置，应该瞄准学校的办学定位和发展战略，根据学术的发展需要设岗。岗位设置在保证教学、科研工作正常运转的前提下，应该向优势学科、专业和计划重点建设的学科、专业倾斜。与此同时，学校层面要预留一部分岗位作为机动岗位，为高层次人才和团队的引进以及学校内部优秀人才的破格晋升预留空间。教师岗位设置时要做到三个有利于：一是有利于学科、专业的梯队建设及发展；二是有利于中青年教师的成长进步和高层次人才的引育；三是有利于学校最大限度地发挥教师人力资源的作用。

依据岗位层次划分，高校教师岗位一般分为三个层次：第一层次岗位为学科、专业带头人和学术带头人。学科、专业带头人是学校学科、专业建设的领导者和组织者，属于学校的高层次人才，担负着学科、专业梯队建设、人才培养、制定学科、专业建设规划、促进学科、专业不断发展等重要任务。学术带头人是学科中某一方向的带头人，负责该方向的学术发展，在学科建设发展中发挥非常关键的作用。第二层次岗位为学术骨干岗。这类岗位是学科、专业建设的中坚力量，是学校重点培养的骨干人才，是在学科、专业带头人和学术带头人的领导下，肩负着学科、专业或学科某一方向发展一定任务和责任的骨干教师。第三层次岗位为一般教学科研岗。这类岗位主要是任职时间不长的年轻教师，他们学历高、学术理论基础好，具有很大的发展潜力，需要在学术带头人和学术骨干带领和指导下，从事教学科研工作。

依据岗类型划分，教师岗位的分类更加趋于精细化、人性化。一是从大类方面划分，可以分为工科类、理科类、经管类、文法类、艺术类等。二是按照岗位类别分类，可以分为教学类、专业类、应用类。三是在岗位类别划分的基础上，还可以划分不同的岗位类型，具体分为：教学类公共课教学型、教学类实验教学型，专业类教学为主型、专业类科研为主型和专业类教学科研型，应用类创新应用型和应用类成果转化型等不同岗位，体现了高校人力资源管理不断发展创新。

（二）搞好岗位聘任机制运行

1.搞好聘任制的落实与完善

坚持"按需设岗、择优聘任"原则，真正实现岗位管理，通过签订合同建立具有法律约束力的契约关系，进而实现"能上能下、能进能出"的合同管人模式。深化教师聘任机制改革，按照学科和专业建设发展需要设置聘任的岗位类型、数量和职级，探索按照学科、专业发展需要聘任、晋升的模式，建立教师岗位聘任与学科专业建设动态调整相结合的机制。探索实施预聘与长聘相结合，"非升即走"与"非行即转"相结合的聘任模式。完善聘任合同管理，探索实施多种聘任形式。对于学科、专业紧缺人才首聘期签订预聘合同，按合同约定的任务考核，首聘期考核合格及以上可续聘，否则解聘。青年教师首聘期签订预聘合同并约定"非升即走"，首聘期考核合格及以上且教学、科研水平达到晋升副教授条件可续聘，否则解聘。探索建立骨干人才快速发展通道，比如"教授直通车"等，为教学、科研成绩突出的骨干教师提供快速发展的途径。强化教师契约精神，建立教师岗位退出机制，对于超过2个聘期考核不合格的教师，择其退出教师岗位。

2.优化人才引进机制

人才引进是人力资源配置的一个关键环节，首先，应该紧贴学校的办学定位和发展战略，在学校制度层面上确立人才引进的政策措施，为人才引进提供政策支持和保证。其次，建立人才引进与学科专业建设联动工作机制。按照"教学优先发展，学科专业需求导向"的原则，结合学科专业建设发展现状和动态调整情况，评估教师人力资源的缺口和短板，明确引才优先次序、引才目标和重点，推动各学科专业间教师人力资源布局结构优化与学科专业内梯队建设科学、合理。第三，应该构建高层次人才、较高层次人才和青年人才分层引进模式，明确各层次人才引进对象、待遇保障和职责任务。要充分利用专业平台优势，按学科和专业建立高层次人才库，坚持长期跟踪、专人联络、实时更新；推进重要岗位海内外公开招聘形成，利用高水平学术会议等平台鉴识人才，适度引进系统外高水平专家、高技能人才来学校开展中长期教学；采用全职引进与兼职聘任相结合的方式，发挥特聘、客座、讲座教授等知名专家的凝聚作用。

3. 建立校外人才共享机制

充分挖掘和利用服务地方的区位优势，紧紧抓住当前远程教育、5G 应用的有利形势，采取聘请兼职、合作研究、邀请讲学等多种形式，将地方企业、科研院所、其他高校、政府、群团等组织中的有关专家、学者聘请到学校担任兼职教师，建强兼职教师队伍，扩大兼职教师规模，共享兼职教师的丰富的实践经验和最新知识成果，促进高校教师人力资源整体素质的提升。借助新的通信和教学技术，采取远程交互模式，可以争取到更多的海内外优秀人才和资源为学校的发展服务，推动与海内外高校、企业的实质性合作。

4. 改进教师考核评价体系

高校要建设一支高水平、高素质的教师人力资源队伍，就必须构建一套科学合理、积极有效的考核评价体系。教师考核评价应该坚持全面考核、突出重点、目标导向的原则，在考核指标的制定上应该包括定性指标和定量指标两部分，其中以定性指标为主、以定量指标为辅。应该充分考虑不同学科、不同类型教师的差异性，采取分类考核的办法，在强化教育教学主业基础上，使教学能力突出、科研能力突出、社会服务能力突出的教师均能发挥特长，努力形成评贡献、评质量、评效果、评影响的政策导向。此外，还应不断完善团队考核评价的方法，以团队作为考核评价的基本单元，鼓励教师"团队合作"。与此同时，还应配套完善相应的激励机制，引导和激励教师潜心从事教学、科研事业，不断努力提升自己，努力为学校的发展建设贡献力量。

（三）构建高校教师终身培养机制

构建高校教师终身培养机制，既是促进教师素质不断提高的需要，也是优化教师人力资源配置的必然选择。对于教师素质的提高，不仅需要教师个人的努力，也需要专业的高校教师发展机构提供有力的支持，更需要学校建立健全促进教师素质提高的培养机制。高校教师培养的最终目标是通过建立一套终身教育培训体系，支持教师终身学习发展，进而为学校发展建设提供源源不断的智力支持。

1. 完善培训制度

完善和改进高校教师终身培训制度，坚持"在职为主、形式多样、加强实践"

的原则，瞄准教师需求，不断创新培训模式，增强社会实践和创新应用环节，加强师德修养和教学科研能力训练。建立和完善高校教师到企事业单位和相关政府部门实践和挂职锻炼制度，建立健全"政产学研"合作培养教师的机制，提升教师实践教学能力和产学研合作能力，满足应用型人才培养的需要。完善"继续教育制度"，充分发挥教师发展促进中心作用，在做好学历提高教育的同时，推进教师终身学习制度建设，以青年教师为重点，大规模开展教师培训。完善"新进教师培养计划"和"骨干教师、高层次人才培养计划"，并将继续教育要求融入教师考核评价、职务晋升、岗位聘任等人事相关政策法规当中。

2. 丰富培训内容及形式

高校教师培训的内容涉及面广，既要包括有利于教师学科专业发展的专业知识、教学科研能力等内容，还要包括教育理论知识、现代教育技术等辅助教学科研的内容，更要加入师德师风建设等思想政治教育内容。在培训形式的选择上，高校可以采取常规培训、学历进修、非学历教育研修、国内外访学、进企业、政府部门挂职锻炼、创业实践等多种多样的方式。在培训时间的选择上，要实现短期培训、阶段培训和长期跟踪培训相结合的方式进行，进而确保培训的连续性。对青年教师的培养还要建立青年教师导师传帮带机制，即"师带徒"的方式，通过选拔聘任优秀的高级职称教师担任青年教师的导师，为青年教师的发展指引方向、保驾护航。更要注重拓展教师的国际化视野，鼓励和支持教师到国外研修学习。

3. 加强政策支持

高校要制定优惠支持政策，在政策上大力支持教师的终身教育和终身学习。高校要根据教师发展实际情况落实教师学术休假制度，保证教师能够拥有一段相对安静、没有必要事务干扰的较为集中的时间进行学术上的深入思考、研究和探索，专门从事学术访问与交流、实践转化、应用创新或著书立说等学术活动，以此来帮助教师提高学术、教学和社会服务能力，激发教师在教学科研上的创新创造活力，同时有效缓解教师的职业倦怠。鼓励和支持教师走出国门访学研修，充分接触学术前沿，拓展国际视野和提高双语教学能力。要实施"拔尖人才""名师专家"等重大人才培养基金项目，培育高层次后备人才。

（四）打造多层次培训方式，提高培训效率

打造多层次的培训方式，能有针对性地满足处于不同发展阶段的教师的需求，从而提升在有限资源条件下的培训效率。国家教委于1996年颁布的《高等

学校教师培训工作规程》中根据教师的不同阶段将教师培训分成岗前培训、助教培训、教学及社会实践、个人技能提高及在职深造、讲师培训、副教授培训和教授培训，其对象主要还是针对中青年教师。从地域上看，培训还可以分成国内培训和国外培训。如何有针对性地选择培训方式，以达到有限资源下最佳的培训效果，是高校人力资源管理部门制定培训计划的关键点之一。

在多层次的培训方式当中，针对高校的特点有一些培训是必须要执行的。

1. 岗前培训

对于上岗之前的中青年教师必须通过岗前培训，进行对教育法律法规、教育政策、教育学、教育心理学、教师职业操守等相关内容的学习，以获得可以胜任教师岗位的基本能力素养。

2. 教学及社会实践培训

高校往往都是以教学型为主，要保证教学质量，教师和社会实践就必须紧密地结合在一起，在一个规定的时间内，在不影响正常教学秩序的情况下，要求教师分批的参与教学能力或社会实践方面的培训。

3. 学术方面的培训

高校虽然大多都以教学为主，但不代表完全不需要科研方面的发展，所以学术方面的培训也是必须要有相应的比重。讲师级别的教师应加强和扩充专业基础理论知识，3—5 年的讲师应积极参加科研或教学为主题的会议或培训，5 年以上的讲师应明确选择教学方向还是科研方向，并参与相应的培训。教学型副教授和教授应以教学类学术活动为主，参与以教学改革和教材建设为主的短期研讨班或讲习班，以老带新，提升中青年教师的教学能力。科研型副教授和教授应以科研学术活动为主，参与以学科前沿信息为主的高级研讨班、国内外高质量的学术会议、校际学术交流等，成立科研团队，带领中青年教师投入科研。

高校投入教师培训的资源非常有限，所以多层次的培训方式中还有一些表面上非必要的培训，合理的规划此类的培训，能在学校的长期发展中起到非常明显的助力作用。

①在职深造学历提升。从短时间来看，招聘一个硕士或者博士比培养一个来的见效快的多。但从长期来看，自己培养的人才归属感强，对学校的历史和发展战略熟悉，比新招聘的人才更能适应学校的发展，降低人才流失率。因此，学校应鼓励并且提供机会给中青年教师进行在职的深造，还可以在确保人才不流失的情况下给予一定的支持和奖励。

②新进教师培训。和岗前培训不同的是，新进教师培训一般安排在入职之后，主要围绕学校资源、地方政策、学校发展战略、学校管理规定等进行培训。为新进教师更全面的了解学校、更快地进入角色、更好地融入工作提供帮助。长期来看，这类的培训可以规范学校的人力资源管理，提升管理效率，提升新进教师的归属感，降低人才流失率。

③搭建学术交流平台。学术交流平台是充分利用校内资源，扩大校外资源利用率的一种非常实用的手段，既可以加强教师与校内外学者的学术思想交流，促进教师学术水平提升，又可以通过搭建名师讲堂、学术沙龙等方式，加快中青年教师的成长。学术交流平台有许多种形式，邀请校内的专家以各种形式加入平台，是推进老带新的重要手段，也可以不定期的邀请校外的知名专家，以获得最新研究动态及成果的同时也可以给教师树立一个很好的目标和榜样。

不管是必要还是非必要的培训，在高校的人力资源开发中都至关重要，学校必须加强培训管理及保障体系，执行合理的培训体系并做到全程反馈，提升教师参与培训的积极性，切实有效地提升教师自身的能力。

（五）优化师资结构，推动人力资源开发信息化建设

1. 优化职称结构

我国学校还处在发展的初级阶段，存在发展时间短、底蕴不足、资源紧缺等问题，在职称建设方面尤为明显，有资本支撑的学校可以高薪吸引优秀的中级职称教师和退休的高职称师资。因此，高校的职称结构基本上呈现偏向中低职称的特征，很难吸引到适合学校发展战略的学科带头人和负责相应学科发展的教研组长。在中低职称教师方面也以新进硕士毕业生居多，大部分没有教学经验，只能承担普通教学任务，对于课改任务和科研任务无法胜任。可见，为了打造高校合格的师资队伍，提升教学水平，满足中青年教师自身职业发展，改善职称结构与学校发展之间的矛盾，重视职称建设，优化职称结构是高校必须要重视的一项工作。

高校由于种种条件的限制，职称建设是一个长期而复杂的过程，需要根据高校自身的发展阶段和发展规划，引进培养并形，以培养为主，引进刺激培养，增强学校自己培养的能力，并通过一系列政策，留住培养的人才，减少人员的流失率。要做好优化师资职称结构的工作，应注意以下几个方面：

（1）中青年教师的培养

我国高校职称建设当中，中青年教师的职称评定一直是很难平衡的问题，既需要学校有畅通的职称评定通道，完善的评定制度和培训体系，又离不开教师自身的积极努力。学校要重视职称建设工作，召集人事管理部门、学术委员会、科研管理处、教师发展中心和教务处等相关职能部门集中制定合理的各级职称评定标准，从课时量、科研量、绩效考核、继续教育等方面综合考虑，还应根据学校的发展需要划分出偏重型职称划分，例如教学型副教授和科研型副教授，并详细制定出不同类型职称的评定条件。与此同时，学校应用各类激励手段，鼓励教师通过参与培训，在职学历深造，组成科研小组等方式积极提升自身能力，对中青年教师的成果予以肯定，设定一定的破格提拔条件，刺激教师通过一定的突出成果贡献缩短职称评聘的年限，达到改善学校职称结构的目标。

（2）引进高职称师资，刺激本校教师水平发展

引进高水平高职称的师资力量也是改善高校教师职称结构的一种方式，可以在短时间内解决一定的问题，但目前以此类高校的资源状况和发展阶段来看，引进工作还是存在着许多问题。因此，高校应树立正确的引入观念，遵循适用性原则，将有限的资源最大化利用，要根据学校办学理念引进专业对口、师德高、能力强的高职称教师；要营造一个良好的人力资源管理环境，做好引人、用人、留人的工作，制定有效的薪酬福利制度，既要留住引进的人才，又不能影响老员工的积极性；要做好引进人才的业绩考核和岗位管理，充分发挥其教学和科研的引领作用。

（3）创造良好的工作环境，减少人员流失率

无论是中青年教师的培养，还是高职称人才的引进，都能优化学校的职称结构，促进师资队伍发展。高校想要留住人才，就必须待遇留人、事业留人、感情留人三方并进，要保证薪酬福利待遇的满意度；要保证工作环境和管理制度的满意度，包括校园环境等硬环境、管理制度、校园文化等软环境；要保证个人发展空间，打开上升通道；要保证个人的职业生涯规划与目前工作岗位匹配。

如果高校在有限的资源下能留住引进的人才，建立科学的激励机制，营造利于中青年教师发展的基本环境，加速推进中青年教师的培养，能使一批优秀的中青年教师获得职称晋升机会，从而进一步优化师资队伍的职称结构，充分发挥教师科研、教改、学科建设、教学创新等方面的作用，就能推动高校沿着稳定、健康、可持续的道路发展。

2. 创造良好环境

高校普遍存在无法长期留住凭借物质条件招聘的人才的问题，不同层次和年龄阶段人才的基本需求以及迫切需求都不尽相同，也不能忽视高职称高水平人才不断追求自我实现的意识。要有效控制人才流失率，需要改进工作方法，构建良好的工作氛围，进一步完善激励机制，摒弃流程简单、僵化的管理方法和量化考核的方式。高校要始终坚持以人为本，灵活的日常管理，营造尊重老师，重视教学，民主治理的和谐氛围，将教学科研工作为立足点和重心，所有工作都应以人才培养质量作为标准，提升教师对工作的满意度和积极性，创造良好的工作环境，做到环境留人。

此外，要切实改善待遇问题，解决各层次人才的物质基础需求，在学校能力范围内适当解决外地教师户口等社会保障需求，减少他们的后顾之忧，提升在学校内的归属感，做到待遇留人。在学校的资源范围内提供必要的科研工作保障，引导高职称高水平人才服务专业建设，进行分阶段评估与诊断，强调人才增值，积极鼓励团队合作，协同创新，充分发挥高水平人才的核心作用，做到事业留人。各级学校领导和相关部门要十分关注各层次各年龄段人才的工作和生活，建立沟通交流渠道，定期开展信息交流，提供更专业更周到的工作保障服务，做到感情留人。

高校引进优秀人才必须与学校的发展规划相匹配，根据引进人才的特长安排相应的工作任务，同时制定留住人才的方案，做到人尽其才，配置合理。将教师分为适合管理、教学、科研三个类别，相应的安排岗位和职责，并给予一定工作基础环境的支持。此外，有必要进一步加强高层次教学科研人才的统筹安排，使教学与科研共同发展，推进学科建设，助力专业建设，服务学校总体办学定位与人才培养方向。让不同岗位、不同层次人才在不同岗位上充分发挥自己的优势，最大限度地发挥自己的能力，实现人力资本价值的同时也实现自己的人生价值。

3. 推动人力资源开发管理信息化建设

随着全面信息化时代的到来，大数据综合分析方法改变了大多数人的工作和生活，并成为提高各行业业务水平的主要手段。高校在资源紧缺、分配困难的情况下，更应该提升人力资源开发管理的信息化程度，将有限的资源运用到适合的地方。但发展机遇与困难必然同时存在，在没有标准化产品的情况下，使用大数据的方法进行深入分析和提高人力资源开发与管理效率的同时，数据很难得到很好的维护，这就要求高校信息管理的相关职能部门必须要有更好的管理效率来应对这样的挑战，高校应做好以下几点：

①人力资源开发管理主管部门要解放思想，顺应新时代对人力资源主管部门提出的新要求，在实际工作中实践更高效的信息化管理理念。随着时代的飞速发展，高等教育向大众化的推进，人力资源主管部门必须以积极开创的精神，建立顺应时代、接轨最新科学理念的人力资源信息化管理模式，学习提升人力资源开发管理信息化建设程度相关知识，积极主动地推进人力资源开发管理信息化建设。

②高校虽然在夹缝中求发展，资源相对紧缺，但是大力发展人力资源开发管理信息化建设是一件非常有成效的尝试，对提高学校的管理水平和学校战略发展有着重要的意义。学校领导应从学校的长期规划出发，引领人力资源开发管理信息化建设，帮助协调好人力资源主管部门和其他部门、各院系之间的关系，推动人力资源开发管理信息化建设，从而成为实现人力资源开发管理信息化的保障。

③学校应加强人力资源开发管理信息化建设的人才储备，既要从新型人力资源管理模式入手储备管理人才，又要从信息化建设入手储备具有相关经验和能力的人才。尤其是具有信息化管理平台建设经验的人才是特别重要，这一类的人才既可以和人力资源主管部门合作推动人力资源开发管理信息化的建设，还能和其他职能部门合作推动其他管理工作的信息化建设。

④学校应制定相应的规章制度以确保人力资源开发管理信息系统正常有序的运行。开发设计阶段，要通过实地调研，广泛听取意见，合理设计，保证系统的质量和水平，尽量杜绝错误，尽量防止系统缺陷；试运行阶段，要保证系统通过压力测试和用户上线测试，积极针对反馈的问题及时改进；正式运行阶段，人事信息都是相当敏感的，一定要确保安全的基础网络环境，严格管理机房和数据的安全，为系统正常有序的运行提供保障。

4.提高高校人力资源管理人员的综合素养

高校人力资源管理人员是完成高校人力资源管理工作的"主力军"，直接关乎人力资源管理工作的能否顺利进行，也是影响人力资源管理效能的关键因素。可以这样说，一旦缺少这些优秀管理人员的支撑，就无从谈起人力资源管理效能的提升。因此，高校人事管理部门需要树立"打铁还需自身硬"的理念。首先，需要强化管理人员的管理和服务意识，不能仅限于管理者的角色，更要具备一定的服务观念。一方面要从学校的整体大局出发，另一方面又要基于教职工的视角看待个人问题。只有这样才能稳定大局，又能照顾细节，实现了科学管理大局和人文细节服务的有效融合，从而促进高校的全面发展。其次，需要做到掌握专业知识技能的同时，还要具备良好的综合素养。高校人力资源管理人员相关工作的开展，需要掌握扎实的管理类专业知识和技能，但由于所管理和服务的对象主要是教师，而教师又是来自不同专业、具有个性化思维方式以及行为的群体，所以若想确保管理服务工作的顺利开展，这就要求管理人员尽量地学习、了解不同专业的有关知识，保证管理服务内容的针对性，提升人力资源管理的效率。最后，高校人力资源管理人员在工作中应该体现依法、讲德、有情的原则。由于高校人力资源管理工作所涉及的内容烦琐，管理服务对象众多，处理事情类型多种多样，因此在工作过程中需要有效平衡好法律法规、道德风俗以及人情世故各个维度之间的关系。人力资源管理需要牢牢坚守法律法规和相关规章制度的底线，在符合法律法规的前提下，从长远的视角看待事情和审视问题。在合法及符合集体利益的基础上，全面考虑管理服务对象的诉求，推动个人利益和集体利益的协同前进。

（六）培养高校人力资源"双师型"教师队伍

对于高校人力资源管理发展而言，构建具备这一专业特色、能实现这一专业教育目标的"双师型"教师队伍已然成了新时代高校建设和发展的必然趋势。所以，在结合了以往工作经验的基础上，如果想实现"双师型"教师培养的目标，就应该从如下几个方面出发，多维助推高校"双师型"教师培养工作的前行，以此收获更好的"双师型"教师培养效果，推动高校教育的稳定发展。

1. 创设现代化的胜任力模型

完善的体系能够帮助学校进一步明确培养"双师型"教师的思路，所以，在后续构建高校人力资源管理"双师型"教师团队，培养这一"双师型"教师时，第一步就需要从这一角度出发。

首先，高校应明确何为人力资源管理"双师型"教师，只有明确了这一专业"双师型"教师的定义，才能为后续学校培养"双师型"教师指明方向。比如，就目前高校教师队伍建设中提及的"双师型"教师大都是指兼具教育能力、人力资源管理能力的教师。

其次，在明确了人力资源管理"双师型"教师定义的前提下，高校应该进一步明确人力资源管理岗位的标准，围绕标准构建岗位胜任力模型，以此为后续教师选聘、招募打下扎实的基础。比如，在选聘"双师型"教师之前，管理者们就应根据未来人力资源管理专业"双师型"教师培养的需求构建胜任力模型，并借助这一模型综合性的分析所选聘人才的能力、潜力，借助这一模型挖掘具备这一素养的人才，为后续"双师型"教师培养提供先决条件。

2. 优化"双师型"教师储备

在完成上述标准、体系构建的基础上，学校需要将"双师型"教师培养的注意力放在现有教师队伍优化和新教师队伍招募层面上，以此为"双师型"教师培养夯实基础，保障后续高校"双师型"教师队伍建设的效果。

首先，在优化现有教师队伍水平的环节，学校应在"双师型"教师培养前对教师的实际情况作出综合考核，设计有针对性的"双师型"教师培养方案（譬如，这一环节学校管理者可以从教师的实际不足出发，有针对性地为教师提供线上、线下的"双师型"教师培育资源，借助这一资源的分享，让教师有目的、有方法的提升自己能力，实现在主观意识上培养"双师型"教师，组建"双师型"团队的效果），以此满足教师成长的需求，从中收获比较好的"双师型"队伍建设效果。

其次，学校可以在明确上述"双师型"教师岗位胜任力的基础上，重塑现有的教师选聘体系，在关注教师理论能力的基础上，也将更多关注点放在教师实践能力的层面上，以此保证"双师型"教师培养的效果。比如，在实际选聘教师的环节，对于一些实践能力极强的人才，学校可以适度放宽对他们的学历要求，避免学历成为他们投身教育的"门槛"，以此充实高校的教师团队，为后续高校培养"双师型"教师打下扎实的基础。

此外，学校还应该为教师提供更多提升理论能力和实践水平的机会（譬如，在后续培养"双师型"教师时，管理者应突破以往教师选拔、培养时的"唯学历论"，更多从综合角度选拔兼具多元能力、素养的教师，借此扩充教师队伍，也为后续学校培养"双师型"教师提供良好的基础），邀请更多兼具上述能力的人才、专家参与到教学培训中来，从中收获比较好的"双师型"教师培养效果，满足未来社会、学校、学生对于高校教育的需求。

3. 深化校企间合作

从以往教育经验来看，在高校打造"双师型"教师队伍时，学校不仅要选拔已经具备"双师型"教师能力的教师，也应关注这些教师的可持续发展。只有这样，高校"双师型"教师的培养才能与时俱进。所以，在后续高校建设中，学校应打造具备成人教育特色的校企合作方式，为教师创造更多可以实践人力资源理论知识、创新人力资源实践理念的平台，增强高校"双师型"教师培养的效果，实现这一专业人才的可持续发展。

比如，在后续高校培养"双师型"教师时，学校就可以在政府管理部门的引导下，与社会企业联合。一方面，由企业为学校教师提供实践、发展的平台，让学校教师能够紧跟社会发展背景下企业人力资源管理的要求，逐步提升自己的人力资源管理实践能力；另一方面，由学校为企业源源不断地输送专业人力资源管理人才，解决企业生产、经营过程中存在的各种人力资源管理问题，实现真正意义上的学校、企业共赢，并在共赢的基础上解决教师实践能力不足的问题，优化"双师型"教师培养的效果。

4.改革薪酬绩效体系

在高校培养"双师型"教师举措的基础上，学校应关注教师评定体系和薪酬绩效体系的优化，提高教师主动参与高校"双师型"教师队伍建设的积极性，以此收获比较好的高校"双师型"教师培养效果。

（1）改进绩效考核方式

在绩效管理体系构建中，绩效考核作为其中的关键内容，需要积极地应用各种方式对教师的表现进行综合考量。在开展考核工作之前，需要对考核信息的内容进行明确，同时掌握高校教师的实际需求，不仅要收集领导的意见，而且还要从教师和学生角度出发，保障考核工作的全面性。从考核指标构建来看，需要囊括教师的科研成果、教学质量等指标，不同专业、不同学科区别对待，满足教师的发展需求，提升考核工作的可操作性。

（2）强化高校领导与教师的沟通

在完善人力资源绩效管理体系构建中需要强化高校领导与教师的沟通，提供多样化的沟通渠道，实现高校领导与学院教师的有效沟通。在考核中遇到问题时，可以及时地进行沟通，提升考核工作的效率。

高校需要定期的召开组织会议，针对一些教师存在的普遍问题开展集中培训，从而可以实现绩效管理效率的提升。此外，还需要强化考核双方之间的沟通，实现考核水平的提升。在考核工作中，考核人员应该营造一个轻松的氛围，听取被考核人员的意见，同时提升被考核人员的认可度，实现高校与个人的同步发展。

（3）合理应用绩效考核结果

在高校人力资源管理中，必须合理地应用考核结果。在考核完成以后，需要将考核结果与教师的薪酬管理结合起来，同时适当地调整教师的职务，发挥出绩效考核的优势。在岗位聘任中，针对一些有经验的教师，提供更为丰富的待遇，提升学校的人才吸引力。针对岗位调整，需要将绩效考核结果与教师的职位晋升相结合，采用正面激励的手段，实现整体效果的优化。在奖惩机制构建中，应该将绩效考核的优势展现出来，借助考核结果提升教师工作积极性，为教师提供更多的进修机会，促进教师团队建设，让教师能够从中获得更好的发展。

参考文献

［1］赵普光.中国高校人力资源管理制度研究［M］.北京: 社会科学文献出版社，
2010.

［2］逢锦波，武博.高校人力资源能力建设研究［M］.北京：人民出版社，
2011.

［3］李军锋.高校人力资源工作手册［M］.北京：北京航空航天大学出版社，
2011.

［4］武毅英.高校毕业生就业流向对人力资源配置的作用与影响：以部委属院
校为例［M］.厦门：厦门大学出版社，2012.

［5］温志强.人力资源：高校无形资产管理危机的核心要素研究［M］.北京：
中国书籍出版社，2012.

［6］艾家凤.高校图书馆人力资源管理研究［M］.合肥：中国科学技术大学出
版社，2015.

［7］郭娟娟.基于员工援助计划模式的高校图书馆人力资源管理研究［M］.合肥:
合肥工业大学出版社，2016.

［8］罗春燕.员工援助计划与高校人力资源管理研究［M］.南昌：江西科学技
术出版社，2017.

［9］唐杰.人力资源管理理论在高校学生管理中的应用研究［M］.成都：电子
科技大学出版社，2018.

［10］曹喜平，刘建军.高等教育视域下高校人力资源管理研究［M］.石家庄：
河北人民出版社，2018.

［11］杨静.高校人力资源管理信息化建设：基于"双一流"建设背景［M］.北京:
科学出版社，2018.

［12］赵志泉，王根芳.中国式思维视域下人力资源管理理论与案例研究［M］.
北京：中国纺织出版社，2018.

［13］王琪.高校人力资源管理与行政改革研究［M］.北京：北京工业大学出

版社，2018.

[14] 蒋俊凯，李景刚，张同乐．现代高绩效人力资源管理研究［M］．北京：中国商务出版社，2019.

[15] 李青．高校师资管理研究［M］．天津：天津大学出版社，2019.

[16] 叶云霞．高校人力资源管理与服务研究［M］．长春：吉林大学出版社，2020.

[17] 陈妙娜，吴婷，陈景阳．民办高校人力资源管理发展研究与实践［M］．北京：企业管理出版社，2020.

[18] 孟蕾．高校人力资源管理中绩效考核的问题与建议［J］．营销界，2021（Z5）：97-99.

[19] 李欣峰．基于SOA架构的高校人力资源管理系统的设计研究［J］．科技资讯，2021，19（32）：23-25.

[20] 罗丹．大数据环境下的高校人力资源管理探究［J］．商讯，2021（25）：195-196.

[21] 薛竹隐．高校人力资源管理的数字化转型路径［J］．人才资源开发，2021（17）：43-44.

[22] 苏威．新时期提升高校人力资源管理工作水平的研究［J］．技术与市场，2021，28（08）：183-184.

[23] 张星．大数据时代高校人力资源管理变革对策研究［J］．营销界，2021（33）：165-166.

[24] 徐芸芸．创新驱动发展战略下高校人力资源管理对策［J］．营销界，2021（33）：169-170.

[25] 李娜．高校人力资源管理信息化建设探析［J］．营销界，2021（33）：195-196.

[26] 洪运．浅谈高校人力资源管理的现实困境与对策［J］．办公室业务，2021（15）：152-153.

[27] 汪琴．新时期高校人力资源管理对策研究［J］．中国市场，2021（19）：125-126.